U0645202

新时代高校教育管理与研究

魏理智　刘传利　石　云　著

哈尔滨工程大学出版社
Harbin Engineering University Press

内 容 简 介

本书共七章,内容包括新时代高校教育管理概述、新时代高校教育管理基础认知、新时代高校教育管理的现状、新时代高校教育管理体制改革等。

本书可作为高等学校教育、管理类相关专业的理论教学和实训教学用书,也可供相关专业技术人员阅读参考。

图书在版编目(CIP)数据

新时代高校教育管理与研究／魏理智,刘传利,石云著. — 哈尔滨:哈尔滨工程大学出版社,2024.3
ISBN 978-7-5661-4294-8

Ⅰ.①新… Ⅱ.①魏… ②刘… ③石… Ⅲ.①高等学校-教育管理-研究 Ⅳ.①G640

中国国家版本馆 CIP 数据核字(2024)第 039277 号

新时代高校教育管理与研究
XINSHIDAI GAOXIAO JIAOYU GUANLI YU YANJIU

选题策划	宗盼盼
责任编辑	宗盼盼
封面设计	李海波

出版发行	哈尔滨工程大学出版社
社　　址	哈尔滨市南岗区南通大街 145 号
邮政编码	150001
发行电话	0451-82519328
传　　真	0451-82519699
经　　销	新华书店
印　　刷	哈尔滨市海德利商务印刷有限公司
开　　本	787 mm×1 092 mm　1/16
印　　张	13.75
字　　数	209 千字
版　　次	2024 年 3 月第 1 版
印　　次	2024 年 3 月第 1 次印刷
书　　号	ISBN 978-7-5661-4294-8
定　　价	69.80 元

http://www.hrbeupress.com
E-mail:heupress@ hrbeu.edu.cn

前　　言

随着我国高等教育的快速发展,高校教育管理研究已经成为高等教育领域研究的热点问题之一。高等教育及其管理工作的逐步深化,使得高校教育管理工作无论是在思想观念,还是在管理方式、方法上都正在经历着巨大的变革。

本书共七章,分别为新时代高校教育管理概述、新时代高校教育管理基础认知、新时代高校教育管理的现状、新时代高校教育管理体制改革、新时代我国高校教育管理的创新发展、学前教育管理方法与研究、我国高校音乐教育的发展与研究。

本书特别针对学前教育和音乐教育专业进行了详细的分析。

在本书撰写过程中,著者查阅和引用了相关书籍以及期刊等资料,在此谨向本书所引用资料的作者表示诚挚的感谢。

由于著者水平有限,书中难免存在错误之处,恳请广大读者批评指正。

著　者

2023 年 12 月

目　　录

第一章　新时代高校教育管理概述

第一节　高校教育管理的内涵

一、高校教育管理的定义

管理，就其字面意义而言，是管辖、处理的意思。管理的涉及面极其广泛，人们往往按照某种需要或从某种角度来看待和谈论管理，因此，管理有了多种解释。即使是在管理学界，管理也有多种定义。有的人从管理职能和过程的角度出发，认为管理是由计划、组织、指挥、协调和控制等职能要素组成的活动过程；有的人从管理的协调作用的角度出发，认为管理是在某一组织中，为完成目标而从事的对人与物质资源的协调活动；有的人从组织中的人际关系和人的行为的角度出发，认为管理就是协调人际关系，激发人的积极性，来达到共同目标的一种活动；有的人从决策在管理中的地位的角度出发，认为管理就是决策；有的人从系统论的角度出发，认为管理就是根据一个系统所固有的客观规律，对这个系统施加影响，从而使系统呈现一种新状态的过程。这些不同的定义，从不同的角度揭示了管理活动的特性。

综合上述各种观点，我们可以对管理的定义做如下表述：管理是在一定的社会组织中，通过决策、计划、组织和控制，有效地利用人力、物力、财力、时间和信息等各种资源，来达到预定目标的一种社会活动过程。

高校教育管理是高校管理的一个重要组成部分，也是高校人才培养工作的一个重要环节。因此，高校教育管理既有管理的一般本质，又有其自身的特殊本质。这主要表现在以下几点。

(1)高校教育管理是在高校这一特定的社会组织中进行的。任何管理活动都是在一定的社会组织中进行的。正如马克思所说:"凡是有许多人进行协作的劳动,过程的联系和统一都必然要表现在一个指挥的意志上,表现在各种与局部劳动无关而与工场全部活动有关的职能上,就像一个乐队要有一个指挥一样。"高校是系统培养专门人才的社会组织,大学生的教育与培养是其首要的和基本的任务,高校教育管理就是高校为实现这一任务而进行的特殊管理活动。

(2)高校教育管理的目的是实现高校的人才培养目标,促进大学生的全面发展。管理的目的是实现一定社会组织的某种预定目标。世界上既不存在无目标的管理,也不可能实现无管理的目标。高校教育管理作为高校人才培养工作的一个重要环节,其目的就是要实现高校在人才培养方面的预定目标,促进大学生的全面发展,使之成为德智体美劳全面发展、富有创新精神和实践能力的中国特色社会主义事业的合格建设者和可靠接班人。

(3)高校教育管理的实质是要有效地利用学校的各种资源,为大学生的成长成才提供指导和服务。高校教育管理的任务是为大学生顺利完成学业、健康成长成才提供各方面的指导和服务,包括对大学生行为和大学生群体的引导、为家庭经济困难学生提供的资助服务、为毕业生提供的就业服务等。因此,高校需要通过科学的决策、计划、组织和控制,有效地利用各种资源,包括人力、物力、财力、时间和信息等。

综上所述,所谓高校教育管理,就是高校为实现人才培养目标,促进大学生全面发展,通过决策、计划、组织和控制,有效地利用各种资源,为大学生成长成才提供各种指导和服务的社会活动过程。

二、高校教育管理的特点

(一)突出的教育功能

高校教育管理是高校人才培养工作的重要组成部分。因此,高校教育管理既具有管理的属性,又具有教育的属性,有着突出的教育功能。

1. 高校教育管理目标服从和服务于大学生教育目标

大学生是为了接受大学教育而跨入大学的，高校教育管理则是高校为实现大学生教育目标，促进大学生圆满完成学业而实施的特殊管理活动，因此，高校教育管理目标必然服从和服务于大学生教育目标。一方面，大学生教育目标是制定高校教育管理目标的基本依据。实际上，高校教育管理目标是大学生教育目标在高校教育管理活动中的贯彻和体现，是其在高校教育管理领域的分目标。离开了大学生教育目标，高校教育管理也就没有了方向。另一方面，大学生教育目标的实现有待于高校教育管理目标的实现。高校教育管理是实现大学生教育目标的重要手段，只有通过有效的管理，建立与保持正常的教育教学和生活秩序，充分调动大学生学习的积极性和主动性，为大学生提供各种必要的指导和服务，才能保证高校教育教学活动的顺利进行和学生的健康成长。没有有效的高校教育管理，大学生教育目标就不可能实现。

2. 教育方法在高校教育管理方法体系中具有突出的作用

教育方法是包括高校教育管理在内的现代管理活动中经常、广泛使用的基本手段。这是因为一切管理活动都离不开人，而人是有思想的，人的活动总是由一定的思想意识支配的。正如恩格斯所说："推动人去从事活动的一切，都要通过人的头脑。"因此，任何管理活动都要坚持思想领先的原则，注意做好人的思想工作，通过影响人的思想去引导和制约人的活动。高校教育管理作为大学生教育和培养工作系统中的一个重要组成部分，必然要更加注重运用教育方法，以增强高校教育管理的实效性。同时，教育方法也是高校教育管理中其他方法顺利实施并收到实效的基础。高校教育管理的法律方法、行政方法和经济方法的实施，一般都要伴之以思想道德教育，才能收到良好的效果。正如毛泽东所说："为着维持社会秩序的目的而发布的行政命令，也要伴之以说服教育，单靠行政命令，在许多情况下就行不通。"

3. 高校教育管理过程也是教育大学生的过程

高校是教育和培养专门人才的场所，高校的一切工作都应当对大学生起到良好的教育作用。直接面向大学生所进行的高校教育管理工作，当然更是如此。事实上，高校教育管理过程中包含着十分丰富的教育因素。高校教育管理过程中所贯彻的以人为本、民主法制、公正和谐的理念，所体现的从学校和学生的实际出发，所遵循的教育规律和管理规律，所秉承的实事求是的科学精神，所采用的民主管理、依法管理、科学管理方法等都会对学生起到潜移默化的作用。高校教育管理过程中所实行的依据大学生成长成才规律和要求制定的各项规章制度都会对大学生起到思想引导、动机激励和行为规范的作用，高校教育管理过程中管理人员的情感、态度与言行也会对大学生起到表率和示范作用。可见，高校教育管理的过程也是教育大学生的过程，并直接影响着大学生思想品德的形成与发展。

(二) 鲜明的价值导向

高校教育管理是为社会培养人才提供服务的，高校教育管理的目的、管理体制和管理形式受到社会经济基础、政治制度和意识形态的制约。因此，高校教育管理具有鲜明的价值导向，贯穿并体现着社会的主导价值体系，并直接影响着大学生价值观的形成、变化与发展。我国是人民民主专政的社会主义国家，我国的高校是为社会主义建设事业培养专门人才的，这就决定了我国的高校教育管理必然要坚持社会主义的价值导向。具体地说，高校教育管理的价值导向主要体现在以下几方面。

1.高校教育管理的价值导向集中体现在管理目标中

目的性是人类实践活动的基本特征。人类实践活动的目的总是基于一定的需要或对实践对象的属性及其变化趋势的认识与判断，因此体现着一定的价值观念。高校教育管理的目标同样如此。事实上，高校教育管理的目标以及作为其具体展开的整个目标体系都是基于一定的价值观念而确定和设计的，都贯穿和体现着一定的价值观念与价值追求。因此，高校教育管理的价值导向不仅对管理者的管理行为和大学生的日常行为起到引导、激励和评价的作用，而且对大学生价值观的形成和发展起到重要的引导、促进作用。例如，建立与维护良好的教育教学秩序和生活秩序是高校教育管理的重要目标，这一目标就体现了"有序"的价值，因此，这一目标的执行会促进大学生形成"有序"的观念。同时，高校教育管理是大学生教育的重要环节，为谁培养人、培养什么样的人始终是大学生教育的首要问题，当然也是高校教育管理的首要问题。显然，对这个问题的解决，鲜明地体现了一定的价值观念和价值追求。在我国，现阶段就是要体现社会主义核心价值体系，体现实现中国特色社会主义的共同理想对人才培养的要求。因此，我国高校教育管理的目标必然要体现社会主义的价值导向。

2.高校教育管理的价值导向突出体现在管理理念中

高校教育管理理念是高校教育管理的指导思想，直接制约着高校教育管理的原则和方法。高校教育管理理念总是体现着社会的价值体系，且往往是社会的先进价值观念在高校教育管理中的贯彻和体现。例如，高校教育管理中"以人为本"的理念，就是我们党所坚持的"以人为本"的价值观念在高校教育管理中的贯彻和体现。在高校教育管理中全面贯彻"以人为本"的理念，坚持做到"关心人、尊重人、依靠人、发展人、为了人"，必然会对大学生正确认识人的价值、确立"以人为本"的价值观产生积极影响。

3.高校教育管理的价值导向具体体现在管理制度中

科学而又严密的规章制度是高校教育管理的基本手段，也是高校教育管理规范化、制度化和法制化的基本保证与主要标志。规章制度是人们在一定的价值观念指导和影响下制定出来的，体现着一定的价值导向，具体表现为：要求大学生做什么，不做什么；鼓励和提倡做什么，反对和禁止做什么；奖励什么样的行为和表现，惩罚什么样的行为和表现；等等。高校教育管理制度中的这些规定无不体现着鲜明的价值导向。

(三) 复杂的系统工程

同其他管理活动一样，高校教育管理也是一项系统工程，具有整体性、层次性、动态性和开放性。同时，高校教育管理又有其特殊的复杂性，是一项十分复杂的系统工程。

1.高校教育管理的任务是复杂而艰巨的

高校教育管理既要紧紧围绕促进大学生成长成才的中心任务，加强对大学生学习行为和实践活动的管理与引导，又要切实为大学生的健康成长着想，加强对大学生日常行为包括交往行为、消费行为、网络行为的管理与引导，及时发现、校正和妥善处理大学生的异常行为；既要加强对大学生现实群体包括学生班级、学生党团组织、学生社团和学生生活园区的管理与引导，又要适应网络时代的新情况，加强对大学生以网络为平台形成的虚拟群体的管理与引导；既要对大学生在校园内的安全加强管理与引导，又要为大学生在校外的安全提供必要的指导和督促；既要做好面向全体大学生的奖学金评定工作，以充分调动大学生的学习积极性，又要做好面向家庭经济困难大学生的资助工作，以帮助他们顺利完成学业；既要引导新生科学制定职业生涯规划，明确努力的具体目标，又要为毕业生提供就业、创业指导和服务，使他们能够在合适的岗位上施展身手、实现自身价值。总之，高校教育管理渗透于大学生专业学习和日常生活的各个方面，贯穿于大学生培养工作的所有环节和全部过程，其任务是复杂且艰巨的。

2.大学生是具有明显差异和鲜明个性的

高校教育管理的对象是大学生，而大学生有着明显的差异和鲜明的个性。他们各有其特殊的精神世界和思想感情，有着不同的气质、性格、兴趣、爱好和习惯，即使是同一个年级、专业、班级的学生，由于各自不同的生活条件和生活经历，其思想行为也各有特点。同时，随着自主意识的增强，大学生越来越崇尚个性，追求个性的自由发展和完善。对同一名大学生而言，其在成长变化的不同历史时期也有着不同的特点。因此，高校教育管理不可能按照完全统一的要求、规格和程序来进行，而是要善于根据大学生的个性特点，因人制宜，因势利导，有针对性地开展工作。这就使高校教育管理具有了特殊的复杂性。

3.影响大学生成长的因素是复杂的

高校教育管理的目的是促进大学生成长成才，而影响大学生成长成才的，不仅有学校教育因素，还有外部环境因素。现实世界中，所有与大学生学习、生活、活动和交往有关的环境因素，都会或多或少地对大学生的成长成才产生影响。其中，有社会的因素，也有自然的因素；有物质的因素，也有精神的因素；有经济、政治的因素，也有文化的因素；有国外、国内的因素，也有家庭、学校周边社区的因素；有现实的因素，也有历史的因素；等等。尤其是随着现代信息技术的迅猛发展，世界越来越紧密地联系在一起，大学生可以方便、快捷地获取来自世界各地的信息，因此，影响大学生思想行为及其成长的环境因素也更为广泛、更为复杂。同时，外部环境对大学生的影响也是复杂的。一是其影响的性质具有多重性。既有积极影响，也有消极影响，二者往往交织在一起，同时产生作用。同样的环境因素对于不同的大学生可能会产生不同性质的影响。例如，富裕家庭的经济条件对许多大学生来说是顺利完成学业的有利条件，但对有的大学生来说则成为铺张浪费、过度消费，甚至不思进取、荒废学业的重要原因。二是其影响的方式具有多样性。有直接的影响，也有间接的影响；有显性的影响，也有隐性的影响；有通过对大学生思想情感的熏陶产生作用的，也有通过对大学生行为的约束产生作用的。凡此种种，不一而足。因此，在高校教育管理过程中，管理者不仅要善于对大学生的学习和生活进行正确的指导，而且要善于正确认识和有效调控各种因素对大学生的影响，尽可能充分利用其对大学生的积极影响，防止、抵御和转化其消极影响。显然，这是一项十分复杂的工作。

（四）显著的专业特色

高校教育管理传统上是经验性的事务型工作。高校教育管理特殊的管理对象、特殊的内在规律和特有的方法体系，决定了其必须形成专业视角、使用专业方法、形成专业研究模式。因此，高校教育管理是专业性很强的工作。

1.高校教育管理有其特殊的管理对象

高校教育管理的对象是大学生，而大学生有着区别于一般管理对象的显著特点。一是大学生是具有高度自觉能动性的人。大学生具有强烈的自主意识、突出的独立意向和较高的智力发展水平，崇尚独立思考，要求自主自治。在高校教育管理过程中，大学生不仅是接受管理的对象，还是积极活动的主体。对于管理的要求和规章，对于管理者施加的指导和督促，他们都要经过自己的思考，做出自己的评价、选择和反应。更重要的是，他们会积极主动地参与到管理活动中，自觉地接受管理和实行自我管理。这就要求在高校教育管理中必须着力激发大学生的自觉能动性，使他们能够自觉地顺应高校教育管理的目标和要求，主动接受管理，积极开展自我管理。二是大学生是正处于成长和发展的关键时期的人。他们的心理日趋成熟但尚未完全成熟，智力迅速发展，情感日益丰富，自我意识显著增强，但又存在着理智与情绪的矛盾、自我期望与自身能力的矛盾等。他们正处于思考、探索和选择之中，世界观、人生观和价值观正在形成，思想活动具有显著的独立性、敏感性、多变性、差异性和矛盾性。他们即将步入社会，正在做进入职场、全面参与社会劳动实践的准备。可见，大学生有着既不同于少儿，又有别于成人的特点。同时，大学生处于趋向成熟的过程中，他们身上蕴藏着各方面发展的极大的可能性，有着发展的巨大潜力。这就要求高校教育管理针对大学生的特点，切实加强并科学实施对大学生的指导和服务，以促进他们的健康成长，使他们的身心获得最佳的发展。三是大学生是以学习为主要任务，并在教师的指导下进行自主学习的人。大学生的主要职责是学习，大学生的学习是由教师指导的，按照一定的制度和规定有目的、有计划、有组织地进行。同时，大学生可以按照学校的有关规定自主地选修课程，自主地支配大量的课外学习时间。因此，大学生不仅要掌握科学的学习方法，而且要具备较强的学习自觉性，提升自我管理和自我约束能力。这就要求高校教育管理紧紧围绕大学生的学习任务，切实加强对大学生学习行为的指导。

2. 高校教育管理有其特殊的内在规律

高校教育管理有其特殊的内在规律是由高校教育管理自身的特殊矛盾决定的。高校教育管理自身的特殊矛盾就是社会基于对专门人才的需要而对大学生在行为方面的要求与大学生行为实际状况的矛盾。这一矛盾存在于高校教育管理的活动之中，贯穿于高校教育管理过程的始终，决定着高校教育管理的全局，构成了高校教育管理的基本矛盾，也是高校教育管理区别于其他社会实践活动的特殊矛盾。高校教育管理就是为解决这一矛盾而专门进行的特殊社会实践活动。高校教育管理作为一种人才培养的手段，固然要遵循教育的一般规律，但又有其区别于其他教育活动的特殊规律，这就需要对高校教育管理的特殊规律进行专门的探索和研究。高校教育管理理论研究的任务，就是揭示高校教育管理的特殊规律。

3. 高校教育管理有其特有的方法体系

高校教育管理所具有的特定的管理对象和特殊的管理规律决定了高校教育管理有其特有的方法体系。高校教育管理工作具有很强的综合性，涉及管理学、教育学、心理学、社会学等多学科的理论、方法和技术。但高校教育管理的方法体系又不是这些学科理论、方法与技术的简单拼凑和机械相加，而是需要在系统掌握这些学科理论、方法和技术的基础上，针对大学生的特点，依据高校教育管理的特殊规律和具体实际，把它们有机地结合起来加以综合运用，从而形成自己特有的方法体系。

三、高校教育管理的目标

高校教育管理目标是一定时期内实施高校教育管理活动所要达到的预期结果，是高校教育管理过程的指向、核心和归宿，规定着高校教育管理的方向和任务，制约着高校教育管理的手段和方法。科学地确定并正确地把握高校教育管理的目标，是实施高校教育管理的前提，是提高高校教育管理效益的关键。

(一) 确定高校教育管理目标的依据

高校教育管理目标作为高校教育管理活动所要达到的预期结果，其形式是主观的，但它的确定并不是主观随意的，而是围绕高校的人才培养目标，依据社会发展的客观要求和大学生发展的客观需要制定出来的。

1. 高校的人才培养目标是确定高校教育管理目标的直接依据

高校的人才培养工作是一个十分复杂的系统工程，而高校教育管理作为这一系统工程的重要组成部分，其目的就是通过为大学生提供各种指导和服务，从而保证学校人才培养目标的实现。因此，高校教育管理目标的确定也就必然要以高校的人才培养目标为依据。实际上，高校教育管理目标也就是高校人才培养目标在高校教育管理领域中的体现和具体化。

2. 社会发展的客观要求是确定高校教育管理目标的根本依据

高校的人才培养目标归根结底是由社会发展的客观要求决定的。同时，大学生发展的基本趋势和总体状况归根结底取决于社会发展的状况及其对人才素质的客观要求。高校教育管理的实质就是引导和帮助大学生充分利用社会所提供的各种条件来发展与完善自己，以适应社会发展的客观要求。

3. 大学生发展的需要是确定高校教育管理目标的重要依据

高校教育管理目标的确定，在主要依据社会发展需要的同时，还应兼顾大学生发展的需要。首先，大学生是正处于发展中的、具有鲜明个性的人。他们都有自己的思想感情、兴趣爱好和理想追求，都有丰富和发展自己的迫切需要。因此，高校教育管理的目标必然要满足大学生发展的需要。其次，大学生既是管理的对象，又是能动的主体。高校教育管理目标能否实现，关键看它能否激发大学生自我管理的主动性和积极性。为此，高校教育管理目标就必须体现大学生发展的需要。只有这样，外在的管理目标才能转化为大学生的内在追求，从而激励大学生自觉地开展自我管理，不断奋发努力。

(二)高校教育管理的目标体系

高校教育管理目标按其地位和作用范围，可分为总目标和分目标。高校教育管理的总目标是高校教育管理的全部活动要达到的预期结果。高校教育管理的分目标则是各个领域、各种层次以及各个阶段的高校教育管理活动分别要达到的预期结果。总目标是分目标的基本依据，分目标是总目标的分解和具体化；总目标调节和控制着分目标的执行，总目标的实现又有待于各个分目标的实现。高校教育管理的总目标和分目标相互联系、相互作用，共同构成了高校教育管理的目标体系。

为维护高校正常的教育教学秩序和生活秩序，保障学生身心健康，促进学生德智体美劳全面发展，2017年，教育部颁布了《普通高等学校学生管理规定》，这也是现阶段我国普通高等学校学生管理的总目标。

1.维护高等学校正常的教育教学秩序和生活秩序是高校教育管理的直接目标

任何管理活动的直接目标或第一目标都是建立和维护组织的正常秩序。事实上，管理活动的产生首先就是为了规范和协调人的行为，以使组织的各项活动能够围绕组织的目标，按照一定的制度和规定有条不紊地进行。这就像一个乐队必须有一个指挥，而指挥的作用就是使乐队全体成员的演奏都能够按照乐谱的规定和要求有序进行。高校教育管理的直接目的是引导、规范和调控大学生的行为，建立与维护高校正常的教育教学秩序和生活秩序，以使学校的各项教育教学活动和大学生的学习与生活有序进行。

2. 保障学生的身心健康是高校教育管理的基本要求

身心健康包括生理健康和心理健康，是生理健康和心理健康的有机统一。生理健康是心理健康的物质基础，心理健康是生理健康的精神支柱。身心健康是人的全面发展的基础和内在要求。一个人如果没有强健的体魄、振奋的精神和坚强的意志，就谈不上全面发展，也不可能成为社会需要的全面发展的高素质人才。保障大学生的身心健康是培养社会合格人才的内在要求，是大学生成长成才的需要。当代中国大学生大多为独生子女，是一个承载社会、家庭高期望值的特殊群体。他们自我定位比较高，成才欲望比较强，但社会阅历比较浅，心理发展尚未成熟，极易出现情绪波动。随着经济社会的发展，特别是涉及大学生切身利益的各项改革措施的实行，大学生面临的社会环境、家庭环境和学校环境日益纷繁复杂，学习、就业、经济和情感等方面的压力越来越大，不可避免地会影响他们的心理健康乃至生理健康。因此，加强高校教育管理，为大学生的学习、就业和日常生活提供必要的指导与服务，保障大学生的身心健康，具有十分重要的意义。

3. 促进学生德智体美劳全面发展是高校教育管理的根本目标

培养全面发展的人，历来是具有远见卓识的教育家们追求的理想目标。马克思、恩格斯科学地揭示了人的全面发展的内涵和历史必然性，创立了关于人的全面发展的理论。毛泽东把这一理论运用于中国社会主义建设的实践，阐明了中华人民共和国的教育方针，他明确提出："我们的教育方针，应该使受教育者在德育、智育、体育几方面都得到发展，成为有社会主义觉悟的有文化的劳动者。"在我国改革开放和社会主义现代化建设新时期，邓小平提出，要教育全人民做到有理想、有道德、有文化、有纪律，这为在社会主义初级阶段促进人的全面发展指明了方向。世纪之交，江泽民总结了中国特色社会主义建设的实践经验，指出努力促进人的全面发展是马克思主义关于建设社会主义新社会的本质要求。胡锦涛在党的十七大报告中明确指出："要全面贯彻党的教育方针，坚持育人为本、德育为先，实施素质教育，提高教育现代化水平，培养德智体美全面发展的社会主义建设者和接班人，办好人民满意的教育。"习近平在全国教育大会上强调："坚持中国特色社会主义教育发展道路……培养德智体美劳全面发展的社会主义建设者和接班人，加快推进教育现代化、建设教育强国、办好人民满意的教育。"培养德智体美劳全面发展的社会主义建设者和接班人是高校人才培养的目标，而高校教育管理作为高等学校人才培养体系的重要组成部分，当然要为实现这一目标服务，以促进学生德智体美劳全面发展为根本目标。

4.高校教育管理的分目标具有复杂性和多样性

高校教育管理的分目标主要有以下几种类型。

(1)按高校教育管理的工作内容确定的分项管理目标。高校教育管理是一个复杂的系统工程，具有多方面的工作内容，包括大学生行为管理、大学生群体管理、大学生安全管理、大学生资助管理和大学生就业管理等。这就需要把高校教育管理的总目标分解到各个具体工作领域之中，形成各项具体目标，通过各项具体目标的达成来实现大学生管理的总目标。具体来说，大学生行为管理的目标是引导大学生自觉践行大学生行为规范，养成良好的行为习惯；大学生群体管理的目标是引导大学生群体形成体现大学精神、积极向上的群体文化，开展丰富多彩、健康有益的群体活动，充分发挥群体管理对大学生成长成才的积极作用；大学生安全管理的目标是维护学校稳定，保障学生安全，建设平安校园；大学生资助管理的目标是为家庭经济困难大学生提供基本的经济保障，促进他们健康成长和顺利成才；大学生就业管理的目标是引导毕业生树立正确的就业观念、增强职场竞争能力，帮助他们顺利找到合适的工作岗位。

(2)按大学生培养过程的不同阶段确定的阶段性管理目标。大学生的培养过程具有明显的阶段性，各个阶段都有各自的工作重点，不同学习阶段的大学生也各有其特点。这就需要依据高校教育管理的总目标和大学生培养过程的内在规律性，科学地确定各个阶段高校教育管理的具体目标，并使之环环相连、紧密衔接、循序渐进。就本科生管理而言，在一年级，应注重引导学生实现角色转换，尽快适应大学的学习和生活；在二年级，应注重引导学生依据社会需要确定自己的奋斗目标，对未来的职业生涯做出初步规划，全面提高自己的知识素养和能力，有目的地发展自己的兴趣和特长；在三年级，应注重引导学生认识自身素质与社会需求的差距，抓住时机，完善自己，提升自我；在四年级，应注重引导学生客观全面地分析自身情况，为就业或升学做好充分准备。

（3）按高校教育管理主体的具体分工确定的具体工作目标。高校教育管理目标的实现有待于所有大学生管理部门和全体大学生管理工作者的共同努力。在高校教育管理工作系统中，每一个部门、每一位管理者都在特定的工作领域中有其特定的工作职责。为了充分发挥所有部门和全体管理者的作用，并使他们紧密配合、形成合力，就要把高校教育管理的总目标层层分解并落实到各个部门和各位管理者，形成部门和管理者的具体工作目标。例如，学生工作部（处）工作目标、学校团委工作目标、教务处学生管理工作目标、学生会工作目标、辅导员及班主任工作目标等。只有这样，才能引导和协调学校各方面的力量，保证高校教育管理总目标的实现。

第二节　高校教育管理的价值

一、高校教育管理价值概述

价值本来是一个经济学的范畴，它是伴随着商品生产的出现而产生的。在经济学领域，价值指的是凝结在商品中的无差别的人类劳动。现在，价值范畴已经广泛地运用于社会、政治、法律、道德、科技、教育和管理等各个领域，成了人们评价事物的一个普遍范畴。因此，价值又具有了哲学意义上的新内涵。在哲学意义上，价值是指客体对于主体的作用与意义，它体现了客体的属性和功能与主体的需要之间的一种特定关系，即客体属性和功能对主体需要的满足关系。价值作为一个关系范畴，不能离开主客体中任何一方而存在。一方面，价值离不开主体，主体的需要是衡量价值的尺度，只有满足主体需要的事物或对象才具有价值；另一方面，价值也离不开客体，客体的属性和功能是价值的载体。价值的实质，也就是客体的属性和功能对主体需要的满足。高校教育管理的价值是指高校教育管理对于社会、高校和大学生所具有的作用与意义，也就是高校教育管理的属性和功能对社会进步、高校发展及大学生成长成才需要的满足。

高校教育管理价值的客体是高校教育管理本身。高校教育管理具有对大学生的成长和发展，高校实现教育目标、培养社会合格人才发挥作用的属性与功能。正是高校教育管理的这些属性和功能构成了高校教育管理价值的基础。高校教育管理价值的主体是社会、高校和大学生。高校是高校教育管理的实施者。高校之所以要实施高校教育管理，根源在于实现教育目标的需要，而高校教育管理则具有满足这种需要的属性和功能。因此，高校也就成为高校教育管理价值的主体。同时，高校的教育目标又是依据社会对专门人才的要求和大学生发展的需要制定的，社会和大学生也就因此成为高校教育管理的主体。高校教育管理价值所体现的是高校教育管理的属性和功能对社会、高校和大学生需要的满足关系。

高校教育管理价值具有下述显著特点。

（一）直接性与间接性

高校教育管理对其价值主体的作用，就其作用的形式而言，有直接作用和间接作用，因此，高校教育管理价值也就具有直接性和间接性的特点。高校教育管理价值的直接性是指高校教育管理能够不经过中介环节直接作用于价值主体，以满足其一定的需要。一般来说，高校教育管理对大学生的影响和作用往往是直接产生的。高校教育管理价值的间接性是指高校教育管理需要通过一定的中介环节间接作用于价值主体，以满足其一定的需要。一般来说，高校教育管理对于社会的影响和作用就是通过对大学生的影响与作用而间接产生的。

（二）即时性与积累性

高校教育管理价值的实现，即高校教育管理以自身的属性和功能对价值主体某种需要的满足，总要经过一个或短或长的过程，因此，高校教育管理价值也具有即时性与积累性的特点。高校教育管理价值的即时性是指高校教育管理活动在短时间内就能够迅速达到目标，从而满足价值主体的某种需要。例如，及时办理家庭经济困难学生的助学贷款，以使他们能够跨进大学、安心学习；及时处理大学生中的突发事件，以保障学生安全和校园稳定；等等。高校教育管理价值的积累性是指高校教育管理往往要经过一个相当长的过程，通过长期的工作积累才能达到目标，进而满足价值主体的某种需要。例如，建立良好的教育教学秩序，以满足高校人才培养工作的需要；培养大学生良好的思想品德和行为习惯，以满足社会发展与学生自身发展的需要；等等。这些都不是一朝一夕就能实现的，而是需要长期的工作积累。

（三）受制性与扩展性

高校教育管理价值的受制性是指高校教育管理价值的实现要受到其他因素的影响。这是因为高校教育管理价值是对大学生成长成才的作用和意义，而大学生的成长成才还要受到高校内部其他因素和外部环境因素的影响。因此，高校教育管理在大学生成长成才过程中发挥的作用，必然受到其他因素的制约。当其他因素对大学生的影响与高校教育管理的作用方向相一致时，高校教育管理就容易收到实效，高校教育管理的价值也就易于实现。反之，当其他因素对大学生的影响与高校教育管理的作用方向不一致或相反时，高校教育管理就难以收到实效，高校教育管理的价值也就难以体现。高校教育管理价值的扩展性是指高校教育管理可以通过大学生的活动对高校内部其他因素和外部环境因素产生作用，从而使自身价值得到扩展。例如，高校教育管理通过对大学生科技创新和创业活动的鼓励与支持，激发大学生科技创新和创业的积极性，这就必然会推动学校的教学创新，提高大学生的科技创新能力和创业能力。再如，高校教育管理通过对大学生日常行为的引导，使大学生养成遵守社会公共道德规范、自觉维护公共秩序和环境卫生的行为习惯，这就必然会对学校周边环境的优化产生积极的影响。

（四）系统性与开放性

高校教育管理价值的系统性是指高校教育管理的价值是一个由多种维度、多种类型的内容构成的有机整体。按价值的主体，高校教育管理的价值可分为社会价值、高校集体价值和个体价值。社会价值即高校教育管理对社会运行和发展的作用与意义；高校集体价值即高校教育管理对高校运行和发展的作用与意义；个体价值即高校教育管理对大学生个体成长和发展的作用与意义。按价值存在的形态，高校教育管理的价值可分为理想价值和现实价值。理想价值是高校教育管理价值的应有状态，即高校教育管理所追求的最终价值；现实价值是高校教育管理的实有状态，即在现实条件下已经实现或正在实现的价值。高校教育管理的价值还可以按价值的性质，分为正向价值和负向价值；按价值的大小，分为高价值和低价值；等等。高校教育管理价值就是由上述各种价值组成的系统。高校教育管理价值的开放性是指高校教育管理的价值会随着价值主体的需要、高校教育管理功能的变化和发展而变化与发展。随着社会的发展，高校教育管理服务对象的需要在变化和发展，这就必然会促使高校教育管理的功能发生相应的变化和发展，从而使高校教育管理的价值得到增强和拓展。例如，随着计算机网络的发展及其对大学生的二重影响，高校教育管理必须加强对大学生网络活动的管理和服务，从而使高校教育管理的价值拓展到网络空间之中。

二、高校教育管理的社会价值

高校教育管理的社会价值是指高校教育管理对社会运行与发展的作用和意义，即高校教育管理的属性和功能对社会运行与发展需要的满足。高校教育管理的社会价值集中表现在它是培养德才兼备、全面发展的中国特色社会主义的合格建设者和可靠接班人的重要手段，是构建社会主义和谐社会的内在要求。

(一)培养合格人才的重要手段

中国特色社会主义事业的发展需要数以亿计的高素质劳动者、数以千万计的专门人才和一大批拔尖创新人才。高校是人才培养的重要基地，其中心任务就是为中国特色社会主义建设培养合格的专门人才，而高校教育管理是高校人才培养工作的重要手段，在培养合格人才中发挥着不可或缺的重要作用。

1.维护正常的教育教学秩序

高校的教育教学活动总是按照一定的制度和规章有目的、有计划、有组织地进行的，建立和维护正常的教育教学秩序是高校教育教学工作的内在要求和基本条件，需要有严格的、科学的管理，包括高校教育管理。高校教育管理在维持高校教育教学秩序中具有特殊的重要作用。在高校教育管理中，实行严格的学籍管理，按照一定的制度和规定有序地做好有关大学生入学与注册、课程和各种教育环节的考核与成绩记载、转专业与转学、休学、复学与退学、毕业与结业等各项工作，是建立正常的教育教学秩序的基础。实施系统的学习管理，引导大学生明确学习目的，提高学习的主动性和自觉性，规范大学生的学习行为，督促大学生自觉遵守学习纪律和考试纪律，形成良好的学风，是建立正常教育教学秩序的关键。加强对班级、社团等大学生群体的管理，引导大学生紧紧围绕学校的教育教学目标有序地开展班级活动、社团活动和其他课余活动，是建立正常的教育教学秩序的重要条件。

总之，高校教育管理是建立和维护正常的教育教学秩序的重要保证，没有有效的高校教育管理，就不可能有正常的教育教学秩序。

2.激励、指导和保障大学生的学习行为

高校教育教学的过程是教师与学生双向互动、"教"与"学"辩证统一的过程。其中，"教"是主导，"学"是关键。学习是大学生的主要任务，是大学生能否成为合格人才的关键。高校教育管理则对大学生的学习行为起着重要的激励、指导和保障作用。高校教育管理对大学生学习行为的激励作用主要表现在：引导大学生充分认识学习的社会意义和个体价值，明确学习目的，以激发他们的学习动机；运用颁发奖学金和授予荣誉称号等方式，表彰学业优秀的大学生，以鼓励他们勤奋学习；把竞争机制引入大学生的学习活动之中，围绕高校教育专业学习，组织各种竞赛活动，以激发大学生的学习热情。大学生管理对大学生学习行为的指导作用主要表现在：指导新生了解大学阶段学习的特点和要求，促进他们尽快实现从被动性学习转变为自主性学习；指导大学生根据社会需求和自身实际制定职业生涯规划，确定自己的职业生涯发展方向，明确学习目标；指导大学生掌握科学的学习方法，养成良好的学习习惯，不断提高自主学习的能力和学习效率；指导大学生积极开展社会实践活动，注重在实践中加深对专业理论知识的理解，在实践中提高自己的专业技能。高校教育管理对大学生学习行为的保障作用主要表现在：加强资助管理，切实做好助学贷款和助学金的发放工作，组织和指导大学生的勤工助学活动，为家庭经济困难的大学生安心学习、顺利完成学业提供必要的经济保障；开展大学生学习心理辅导，帮助大学生克服学业焦虑等各种消极心理，以积极健康的心态对待学习；等等。

3.培养大学生的思想品德

中国特色社会主义建设所需要的合格人才不仅要具备良好的专业知识和能力素养，还要具备良好的思想品德。所谓思想品德，是指人在一定的思想体系指导下，按照社会的言行规范行动时，表现在个人身上的相对稳定的特征，它是以心理因素为基础的思想与行为的统一体。培养大学生良好的思想品德，不仅需要深入细致的思想政治教育，还需要有效的管理。这是因为良好思想品德和行为习惯的形成有一个由他律到自律的过程。大学生各方面还未成熟，发展尚未稳定，加之每个大学生的思想基础不同，接受教育的主动性、积极性和自觉性也各不相同，因此，大学生自我管理、自我约束的能力尚有欠缺并存在差异。要帮助大学生提高自理、自律水平，使他们能够自觉地遵循社会的思想规范、政治规范、道德规范和法纪规范并形成良好的行为习惯，就必须在加强思想政治教育的同时，加强对大学生各方面的管理，注重大学生日常行为规范的训练。通过高校教育管理，科学制定并严格执行各项规章制度，强化行为管理和纪律约束，使大学生的学习、交往等各方面的行为都能够按照一定的规范有序进行，不仅有助于培养大学生良好的行为习惯，还可以为思想政治教育创造良好的环境，增强思想政治教育的效果。

(二)构建和谐社会的内在要求

实现社会和谐始终是人类孜孜以求的社会理想，也是中国共产党和中国人民不懈奋斗的重要目标。党的十六大以来，我们党对社会和谐的认识不断深化，明确提出了构建社会主义和谐社会的任务。社会和谐是中国特色社会主义的本质属性，构建社会主义和谐社会是发展中国特色社会主义的基本要求和重要保证。高校教育管理作为对大学生这一特殊社会群体提供指导和服务的社会活动，在构建和谐社会中发挥着特有的重要作用，具有特殊的重要价值。

1.高校教育管理是维护社会稳定、实现社会安定有序的重要保证

我们所要建设的社会主义和谐社会，应该是民主法治、公平正义、诚信友爱、充满活力、安定有序、人与自然和谐共处的社会。安定有序是社会主义和谐社会的内在要求和重要特征，也是实现社会和谐的基本条件。社会稳定则是安定有序的基本内容和重要表现，也是改革发展的前提。邓小平在推进改革开放的过程中，反复强调"稳定压倒一切"，没有稳定的环境，什么都搞不成。而高校稳定是社会稳定的重要条件，高校稳定的关键又在于大学生。这是因为大学生的思想尚未成熟，存在着显著的矛盾性，他们关心国家发展，关注时事政治，追求民主自由，具有较强的政治参与意识，但缺乏政治经验和社会生活经验，政治辨别能力不强，容易受到社会上错误思潮和不良倾向的影响。同时，大学生情绪、情感的发展具有强烈性，这既使大学生热情奔放、勇往直前，也使大学生易于冲动，甚至失去理智。成千上万的大学生集中在高校的校园内，如果缺乏正确的引导和有效的管理，一些不良的倾向和问题就很容易在大学生中扩散开来并造成不良的社会影响。因此，切实加强高校教育管理，正确引导大学生的社会活动和政治行为，妥善解决大学生在学习、生活、交往与就业中遇到的各种矛盾和问题，及时处理各种突发事件，以保持高校的稳定，对于维护社会稳定、实现社会安定有序具有特殊的重要意义。

2.高校教育管理是构建和谐校园的重要手段

高校是现代社会中不可或缺的重要社会组织，担负着培养人才、推进科技进步、传播先进文化的重要任务。构建和谐校园是社会主义和谐社会建设的重要组成部分，也是推进高校科学发展的内在要求。通过加强高校教育管理，引导和组织大学生积极发挥在和谐校园建设中的主体作用，是构建和谐校园的重要保证。通过加强高校教育管理，建立和完善大学生参与民主管理的组织形式，引导、支持与组织大学生依法参与学校的民主管理和实行自主管理，切实维护和保障大学生在校期间享有的权利，引导和督促大学生全面履行法律规定的义务，自觉遵守国家法律和学校管理制度，能够有力地推进高校的民主法治建设。加强高校教育管理，妥善地协调学生与学校、学生与教师之间的关系，维护大学生的正当利益，实事求是地评价大学生的思想品德和学业成绩，公正地实施奖励和处分，正确地

处理大学生中的各种矛盾和问题，使公平正义在校园中得到弘扬。加强高校教育管理，督促大学生在学习考试、科学研究、人际交往和日常生活中坚持诚实守信，做到不作弊、不剽窃，引导大学生尊敬师长、友爱同学、团结互助，在校园中形成诚信友爱的良好风气。通过高校教育管理，充分调动大学生的积极性和创造性，围绕专业学习，开展丰富多彩的社团活动和社会实践活动，鼓励、组织和支持大学生开展科学研究、进行创造发明、尝试创业活动，使校园真正充满活力。通过高校教育管理，建立与维护学校正常的教育教学秩序和生活秩序，加强大学生的安全教育和管理，保障大学生的身心健康，有效预防和妥善处理大学生中的突发事件，努力建设平安校园，使校园安定有序。通过高校教育管理，引导和督促大学生自觉维护校园环境，节约用水、用电等，使校园成为人与自然和谐共处的生态校园。

3.高校教育管理是促进大学生集体和谐发展的重要手段

大学生党团组织、班级、学生会、社团等集体是大学生学习和日常生活的基本组织形式，直接影响着大学生的思想和行为，是大学生思想政治教育和管理的重要载体。大学生集体的和谐发展不仅直接关系着大学生个体的健康成长和全面发展，也直接关系着高校的和谐稳定和科学发展。高校教育管理内在地包含着对大学生集体的管理，因此，其在促进大学生集体和谐发展中具有十分重要的作用。通过高校教育管理，引导大学生集体自觉遵循学校的有关制度和规定，紧紧围绕学校的人才培养目标和大学生成长成才的需要，积极开展社团活动，可以促进大学生集体的发展与学校发展的和谐与统一。通过高校教育管理，切实加强大学生集体的思想建设、组织建设、制度建设和作风建设，引导大学生增强集体意识，主动关心集体发展，积极参与集体活动，弘扬团结互助精神，不断增进同学友谊，注重相互沟通与交流，及时化解各类矛盾，促进各类大学生集体的和谐发展。通过高校教育管理，引导大学生党团组织、班级、学生会、社团等各类大学生集体正确处理相互之间的关系，加强相互之间的沟通和协调，做到相互配合、相互支持，形成大学生自我教育、自我管理的合力，促进各类大学生集体的共同发展。

三、高校教育管理的个体价值

高校教育管理的个体价值是指高校教育管理对大学生个体成长与发展的作用和意义，即高校教育管理的属性和功能对大学生个体成长与发展需要的满足。高校教育管理的个体价值主要表现在引导方向、激发动力、规范行为、完善人格和开发潜能等方面。

(一)引导方向

高校教育管理具有突出的导向功能，对大学生的成长和发展起着重要的导向作用。高校教育管理的导向作用主要表现在以下三方面。

1. 引导政治方向

政治方向是政治立场、政治观念、政治态度、政治品质和政治信念的综合体，是人的素质中的首要因素，决定着人们思想和行为的基本倾向。我们党历来强调在人才培养上必须把坚定正确的政治方向放在第一位。当今世界，随着经济全球化和信息技术的迅速发展，国际政治斗争趋于复杂，西方意识形态的渗透日益加剧。引导大学生确立坚定正确的政治方向，即坚持中国特色社会主义方向，是高校一项极为重要又十分紧迫的任务。要实现这一任务，首先要加强大学生的思想政治教育。高校教育管理的社会属性决定高校教育管理必然具有鲜明的政治方向性，并对学生的政治方向发挥引导作用。加强高校教育管理，严格执行《普通高等学校学生管理规定》，引导和督促大学生自觉遵守《高等学校学生行为准则》，加强对大学生的行为尤其是政治行为的管理和指导，引导大学生正确行使依法享有的政治权利，防止和抵制各种腐朽意识形态对大学生的影响，及时纠正校园中出现的错误倾向，维护和保障校园的政治稳定和政治安全，对于引导大学生坚定正确的政治方向具有重要作用。

2. 引导价值取向

价值取向是指人们基于自己的价值观，在面对或处理各种矛盾、冲突、关系时所持的基本价值立场、价值态度以及所表现出来的基本价值倾向。价值取向决定和支配着人的价值选择，制约着人们思想和行为的方向。现阶段，我国市场经济在促进社会生产发展和人们思想观念更新的同时，也容易诱发人们产生利己主义、拜金主义和享乐主义的价值观念；随着经济全球化的发展和我国国际交往的扩大，西方的各种价值观念逐渐渗透进来。因此，引导大学生掌握社会主义核心价值体系、坚持正确的价值取向有着尤为重要的意义。如前所说，鲜明的价值导向是高校教育管理的一个显著特点。高校教育管理通过坚持和贯彻体现社会主义核心价值体系的管理理念，制定与施行以培养社会主义事业的合格建设者和可靠接班人为根本宗旨的管理目标体系及管理规章制度，对大学生的价值取向发挥重要的引导作用。

3.引导业务发展方向

引导大学生确定既符合社会需要，又符合自身实际的奋斗目标，明确业务发展的方向，引导他们把自己的主要精力和时间投入实现既定目标的业务学习和实践活动之中，可促进他们早日成才。高校教育管理在引导大学生业务发展方向方面的作用集中表现在：通过对大学生学习活动的指导，引导大学生根据相关专业的要求和自己的兴趣爱好确定专业学习的目标，从而明确在专业学习方面努力的方向；通过对大学生职业生涯规划的指导，引导他们根据社会需求、职业发展的趋势和自身的主观条件与愿望确定自己的职业理想，从而明确自己职业生涯发展的方向。

(二)激发动力

高校的系统教育为大学生的成长和发展提供了良好的条件，而大学生的健康成长和全面发展，关键在于大学生自身的主观努力，即主观能动性的发挥。正如邓小平所说："我们要求所有的人都努力上进，但毕竟还要看各个人自己是否努力。"因此，要促进大学生的成长和发展，就必须注重激发大学生的内在动力，充分调动他们的主动性和积极性。高校教育管理具有显著的激励功能，在激发大学生内在动力方面具有突出的作用。高校教育管理对大学生的激励作用主要是通过以下三种路径实现的。

1.需要激励

需要是人的行为动力的源泉，是行为动机产生和形成的基础。人的积极性能否发挥及其发挥的程度，归根结底取决于其需要能否得到满足以及满足的程度。高校教育管理坚持"以人为本"的管理理念和"服务学生"的管理原则，关心大学生的实际需要，维护大学生的正当利益，扎扎实实地为大学生的成长与发展提供各方面的指导和全方位的服务，因此，也就必然会对大学生发挥重要的激励作用。

2.目标激励

人的行为总是指向一定目标的，目标是人们期望取得的成果和成就，能够激发人的内在积极性，鼓励人们奋发努力。人们把目标的达成与满足自身需要的价值看得越大，目标能够实现的可能性越大，目标的激发力量也就越大。高校教育管理遵循社会发展要求与大学生发展需要相统一的原则，科学地制定管理的目标，着力引导大学生根据社会需要和自己的兴趣爱好、主观条件合理地确定自己的学习目标和发展目标，从而对大学生发挥重要的激励作用。

3.奖惩激励

奖励和惩罚是高校教育管理的重要方法，其目的就是通过运用正、负强化手段，控制大学生行为结果的反馈调节机制，以维持与增强大学生努力学习和践行大学生行为准则的主动性及积极性。奖励是通过奖赏、赞扬、信任等褒奖形式来满足大学生的需要，使其感到满足和喜悦，从而更加奋发努力的正强化手段；惩罚是通过造成被惩罚者对某种需要的不满足而使其感到痛苦和警醒，从而变消极行为为积极行为的负强化手段。高校教育管理通过恰当地运用奖励和惩罚，鼓励先进，鞭策后进，激励大学生奋发努力。

（三）规范行为

高校教育管理的一项重要任务就是要科学制定和严格执行各项管理规章制度与纪律规章，以规范大学生的行为，促进其形成文明的行为方式和良好的行为习惯。高校教育管理在规范大学生行为方面的作用主要是通过以下三种路径实现的。

1.加强制度建设

制度建设是高校教育管理的重要内容。它是依据社会发展要求、人才培养目标和大学生健康成长与发展的需要，科学制定和不断完善各项规章制度，使大学生明确应该做什么、不应该做什么，应该怎么做、不应该怎么做，并引导和督促大学生规范自己的行为，逐步形成文明的行为方式。教育部于 2016 年修订、2017 年 9 月 1 日施行的《普通高等学校学生管理规定》和教育部于 2005 年颁布的《高等学校学生行为准则》，是现阶段高校教育管理的基本规章制度，为规范大学生行为提供了基本的规定和准则。

2. 严格纪律约束

纪律是一定的社会组织为实现组织目标而要求其全体成员必须共同遵守并赋有组织强制力的行为规范。它是建立正常秩序、维系组织成员共同生活的重要手段，是完成各项任务、实现组织目标的重要保证。因此，纪律是高校教育管理中不可或缺的重要手段。在高校教育管理中，通过严格执行学习、考试、科研、集体活动、校园生活、安全保卫等各方面的纪律规章，以约束和纠正大学生的行为，并对其违纪行为及时做出恰当的处罚，可以有效地引导和规范大学生的行为，促进其养成良好的行为习惯。

3. 引导自我管理

自我管理是高校教育管理的重要路径。自我管理的一项重要内容就是激发大学生的自觉性和主动性，引导大学生自觉遵守管理制度，主动地用体现社会要求的大学生行为准则规范自己的行为，实行自我约束和自我监督。这种自我约束和自我监督既表现在大学生个体的自我管理中，也表现在大学生群体的自我管理中。在大学生班级、宿舍、社团等群体的管理中，充分发挥大学生的主体作用，引导大学生在民主讨论的基础上形成全体成员共同遵守的规章制度，并相互监督执行，不仅有助于营造良好的群体氛围，实现群体的目标，而且有助于提高全体成员规范和约束自己行为的自觉性。

（四）完善人格

人格是一个人所具有的稳定而统一的心理特征的总和。通俗地讲，人格就是一个人的品格、思想境界、情感格调、行为风格、道德品质、精神面貌等。人格既是个人发展状况的集中表现，也是个人发展的内在主观条件。人的全面发展内在地包含着人格的健全和完善。高校教育管理以促进大学生的全面发展为根本目的。因此，高校必须注重培育大学生健全的人格，以促进他们形成崇高的精神、高尚的道德品质、积极健康的心理品格。高校教育管理在完善大学生人格方面的作用主要表现在以下两方面。

1. 优化环境影响

环境是影响大学生人格形成和发展的重要因素，对大学生的人格具有陶冶和感染的重要作用。"近朱者赤，近墨者黑"说的就是这个道理。高校教育管理在营造良好的校园环境、优化校园环境影响方面具有重要作用。高校教育管理通过制定和执行合理的规章制度，建立和维护正常的校园秩序；通过有效的学习管理和班级管理，促进良好学风和班风的形成；通过对大学生交往活动的管理和引导，优化校园的人际环境；通过对大学生网络活动的管理和指导，净化校园的网络环境；通过对大学生社团与大学生课余活动的管理和指导，形成积极向上、丰富多彩的校园文化生活环境；通过对大学生生活园区的管理和大学生日常行为的指导，为大学生营造安定有序、文明健康的日常生活环境；等等。

2. 指导行为实践

实践是大学生人格形成和发展的基本途径。大学生所接受的各种教育，只有在实践中通过自己的亲身体验，才能真正为他们所理解、消化和吸收。大学生行为习惯的养成、实践能力的提高等，更是其自身长期实践活动的结果。因此，高校教育管理对大学生行为和实践活动的管理与指导，会对大学生人格的完善发挥重要作用。

（五）开发潜能

人的潜能是指人所具有的，有待开发、发掘的处于潜伏状态的能力，包括人的生理潜能、智力潜能和心理潜能。人的潜能是人的现实活动力量的潜伏状态和内在源泉，人的能力的发展，在一定意义上，也就是开发潜能，使之转化为现实活动力量，即显能的过程。人的潜能是巨大的。美国著名心理学家威廉·詹姆斯认为，一个正常人还有90%的潜能尚未利用。由此可见，人的潜能的开发具有十分广阔的前景。大学生正处于成长和发展的关键时期，着力开发他们身上所蕴藏的丰富潜能，将他们内在的潜能转化为从事社会建设的实际能力和现实力量，是大学生培养工作的重要任务。高校教育管理作为大学生培养工作的重要组成部分，在开发大学生内在潜能方面发挥着重要作用。高校教育管理在开发大学生潜能方面的重要作用主要是通过以下三种路径实现的。

1. 指导学习训练

学习和训练是开发潜能的基础。只有通过系统的学习和训练，掌握必要的知识和方法，才能使潜能得到正确的、有效的开发。高校教育管理通过对大学生学习活动的管理和指导，引导大学生确立正确的学习目的、掌握科学的学习方法，不仅可以充分发掘大学生在学习方面的潜能，提高他们的学习能力，而且可以促进大学生系统地掌握专业理论知识和方法，使他们在专业方面的潜能得到开发和发展。

2. 运用激励机制

激励是开发潜能的重要手段。通过激励，可以充分调动人的主观能动性，打破人安于现状的消极心态，振奋人的精神，转变人的态度，激发人的兴趣，调整人的行为模式，从而达到开发潜能的目的。激励是高校教育管理的重要手段。高校教育管理通过运用激励机制，引导大学生明确努力方向和成才目标，奖励成绩优异、表现突出的大学生，可以调动大学生的主动性和积极性，激发他们奋发向上的进取精神，促进他们不断地开发自身内在的潜能。

3. 组织实践活动

实践是潜能转化为显能的中介和桥梁。人的潜能只有在实践中才能逐步显现出来，并得到真正发挥，从而转化为显能。高校教育管理通过支持和指导大学生的社团活动与社会实践活动，鼓励和引导大学生的科技服务与科技创新活动等，为大学生提供丰富多样的参与实践活动的机会，使他们的潜能在实践中得到开发和发展。

第三节　高校教育管理的原则

一、方向性原则

高校教育管理坚持方向性原则，主要涉及培养什么人、如何培养人的根本性问题。高校教育管理是高校办学的重要方面，是学校育人环节的重要一环。社会主义大学的主要目标是培养社会主义事业的合格建设者和可靠接班人，而高校教育管理工作直接影响这一目标的实现。

方向性原则是指确定高校教育管理目标，进行高校教育管理活动，要与高校育人工作的总目标相一致，要与党和国家的教育方针、政策和法律法规中规定的教育目标、管理目标等相一致。

方向性原则是高校教育管理中具有决定意义的原则。只有坚持这一原则，才能促进高校教育管理朝着高等教育育人工作的总目标发展，才能保证高校教育管理的正确方向，才能有利于培养全面发展的社会主义事业的合格建设者和可靠接班人。

坚持方向性原则，是由高校教育管理的社会属性决定的，也是我国高校教育管理历史经验的总结。

在高校教育管理中坚持方向性原则，关键是要做到以下三点。

(一)增强管理者的政治意识

高校教育管理是具有鲜明的政治方向、价值导向的。任何社会的高校教育管理都是为一定社会、阶级服务的。不同社会的高校教育管理的目的、理念、任务、方式和方法等都有显著的差异。然而，在我们的管理理论和实践中，往往存在着忽视管理的政治功能和价值导向的现象，一些人甚至认为高校教育管理没有方向性可言。因此，体现高校教育管理的方向性，首要的问题就是增强管理者的政治意识，促进管理者有意识地在管理过程中思考管理的政治方向和价值导向。管理者要把方向性要求贯穿在高校教育管理全过程和具体的活动中，引导大学生积极投身改革开放和社会主义现代化建设，在为祖国、为人民的不懈奋斗中实现自己的人生价值。

(二)以制度的合法性体现管理的政治导向性

坚持方向性原则，就必须自觉接受党的领导，其核心是坚决贯彻党的路线、方针、政策。学校的各项制度就是贯彻党的路线、方针、政策的主要载体，是一定社会政治方向、价值导向等的具体体现。因此，学校层面制定的高校教育管理各类相关制度，一定要与国家的法律法规相一致。通过合法的制度来保障高校教育管理的方向性，要注重把方向性原则融入制度建设和施行的全过程，使大学生坚定社会主义的理想信念，在实践中成长成才。

（三）按时代需求及时调整管理目标

坚持方向性原则不仅体现在政治方向上，而且体现在管理是否能为党和国家的中心任务服务上。不同时期党和国家的任务是不同的，对人才的需求也是不同的，这就要求高校教育管理要紧扣时代的主题，不断调整管理目标，创新管理模式。目前，发展是时代的主题，经济建设是党和国家的中心任务，要根据这一中心任务制定具体的高校教育管理目标。

二、发展性原则

高校教育管理坚持发展性原则，具体包括两方面的内容：一是管理工作本身要不断发展，二是通过管理促进学生的全面发展。从管理工作本身来看，随着我国社会政治、经济、文化的不断发展，社会生活发生了复杂而深刻的变化，高校教育管理工作的形势、环境、对象、任务也发生了深刻的变化，这就要求管理的体制、机制要不断变化，管理方式、目标、途径要及时调整，以确保高校教育管理工作的实效。

通过管理促进学生全面发展，关键是要做到以下三点。

（一）树立发展意识

思想是行动的先导，有什么样的发展理念，就会有与之相应的管理方式和结果。传统的高校教育管理重管理，把管住学生作为管理的出发点。个别管理者往往以强硬的制度规范、约束学生的行为，以训诫、命令代替沟通。这些方式往往会伤害大学生的自尊心，减弱大学生的自主性，有悖于大学生的全面发展。高校教育管理坚持发展性原则亟须转变传统的观念，要有意识地把大学生的全面发展作为管理活动开展的前提。在高校教育管理中，应牢固树立促进大学生全面发展的责任感和紧迫感，打破思维定式，以新的发展观念指导管理决策，制订管理计划，谋划大学生的全面发展。

(二)不断推动管理创新

通过管理促进大学生的全面发展,需要同时注重管理本身的发展,而管理的发展实际上是创新。服务于大学生全面发展的管理创新就是在遵循高校教育管理规律的基础上,与时俱进,坚持继承与创新相结合,创造性地开展工作,促进大学生全面成长和成才。目前,高校教育管理的机制、途径、方法和载体都是在过去的环境条件下,针对过去的情况产生的。但是随着社会经济的迅速发展,高校教育管理面临着新情况、新问题,大学生在思想上出现了迷惑和困扰,在观念上呈现出多元化特点。如果固守原有的管理方法必然不能较好地适应今天的需要,解决不了今天的问题。为此,创新高校教育管理工作成为时代和社会赋予高校的重任。

(三)统筹资源,形成促进学生发展的合力

一直以来,人们在高校教育管理的实践工作中都强调高校学生管理包括管理学生和服务学生两大方面,但在具体操作上管理却总是多于服务。实践证明,把职业生涯规划、生活帮扶、大学生就业指导、心理辅导等贯穿管理始终更易于发挥大学生的主观能动性、激发大学生的创造性,从而促进大学生的发展。高校管理者要理顺学校各管理部门的关系,通过部门间的相互协调、相互联系,将组织内部各个要素联结成一个有机整体,使人、财、物、信息、资源等得到最佳配置,形成促进大学生发展的合力。

三、激励性原则

激励性原则,是指高校教育管理中利用一定的物质手段或精神手段,引导学生思想行为的变化,调动学生的积极性、创造性,使学生的潜能得到最大限度的开发,从而实现管理目标的基本准则。高校管理者要恰当地运用激励性原则,使管理活动更易于被学生接受,从而更好地实现管理目标。

激励效果的好坏取决于在激励过程中采取的手段、方式能否针对大学生的发展实际,能否满足大学生的需要,能否在大学生内心形成自我激励的内在动力等。因此,在高校教育管理中贯彻激励性原则,关键是做到以

下三点。

（一）运用正向激励手段

高校在学生管理过程中科学、合理地运用激励机制，有助于调动大学生的能动性和创造性，改变大学生的观念、行为。正向的激励主要有两种：一种是物质上的，主要指金钱或实物。物质利益的需求与满足是人生存和发展的一个必备条件，对大学生进行一定的物质激励有助于调动大学生的积极性、主动性。另一种是精神上的，主要指通过各种形式的表扬，给予大学生一定的荣誉。正向的激励有助于大学生将外部的推动力量转化为自我奋斗的动力，充分发挥自身潜能，从而有效地激励大学生成长成才。在高校教育管理中，要协调好物质激励和精神激励的关系，依据大学生的实际情况采取相应的激励手段，以确保管理效果。

（二）树立榜样激励

榜样使人有目标、有方向。因此，要善于树立榜样、培养榜样、宣传榜样，并鼓励学生学习榜样、争做榜样、成为榜样。

（三）采取情感激发的方式

"情感，是人格发展的诱因，是青年追求美好生活的动力。"要确保管理目标的实现，一般都要有感情地催化。当管理者与大学生平等相待、敞开心扉、相处愉快时，管理活动就比较容易开展；当双方针锋相对、互不理解时，大学生往往会产生抵触情绪，管理效果就会打折扣。因此，管理者不仅要以制度约束人，而且要以真情感染人，注重沟通，消除疑虑，用欣赏的眼光去看待大学生，使每一个大学生的需求得到尊重、疑惑得到解决、特长得到发挥。

四、自主性原则

自主性原则是指高校在进行教育管理时，使大学生参与管理过程，充分调动大学生的积极性和创造性，进行民主管理，实现自我管理和自我服务。高校教育管理遵循自主性原则，是由两方面决定的：一方面有利于育人目标的实现。管理的目标是育人，这就要求将外在的行为规范转化为内在的思想观念，从而支配管理对象的行为。如果不调动大学生的主观能动性，大学生就难以接受管理，管理的实效性就难以发挥。另一方面有利于满足大学生自主管理的现实需求。随着我国社会主义市场经济体制的不断完善，高等教育逐步走向经济社会发展的前台，市场经济的自主、平等、竞争、法治精神对高校师生的影响不断深化，使大学生自主意识不断增强，渴望在各项事务管理中充当主角，自己管理自己，充分发挥主观能动性，实现自我管理、自我服务。

在高校教育管理中坚持自主性原则，关键是要做到以下三点。

(一)唤醒大学生的自主管理意识

在高校教育管理过程中，要营造轻松、愉快、快乐的氛围，使大学生的自主需求得到尊重。同时，要使大学生体会到自主管理的成就感，享受自主管理收获的成果。

(二)打造大学生自主管理平台

辅导员要抓好班委会、团支部、学生会等以学生组织为载体的自主管理平台，增强凝聚力、吸引力，建立定期流动机制和激励机制，充分保证大学生广泛地参与自主管理。辅导员要敢于充分"放权"，敢于把高校教育管理工作交给学生，实现大学生的自我管理、自我服务。

(三)加强对大学生自主管理的指导

自主管理不等于放任自流，只有加强对自主管理的指导，才能保证管理的方向和实效。怎样才能保证管理的方向和实效呢？要把握四方面：明确方向，定准目标，告诉大学生工作要达到的程度和要取得的效果；定好标准，明确思路，告诉大学生怎样开展工作；做好监督，对大学生的工作情况进行跟踪观察，时刻关注工作进展；及时反馈，帮助大学生及时调整方向，确保学生工作在正确的轨道上进行。

第四节　高校教育管理的思想

本节以高校学生管理为例进行详细介绍(高校学生管理属于高校教育管理的范畴)。

一、高校学生管理的理论根据和指导思想

科学的管理对提高管理效率、优化教育质量具有十分重要的意义,其有赖于符合客观实际的、法制化的、人性化的管理规章制度,而这一切都离不开科学的管理思想。科学的管理思想分三个层次:一是作为认识理论的管理思想;二是管理应遵循的基本原则;三是在实际操作中所运用的具体方法。

(一)管理思想

所谓管理思想,是指关于管理的观点、观念或理论体系,是管理理论和实践的结合在人们头脑中的反映。管理思想对管理工作起指导作用,它随着人类社会及其管理活动的产生、发展而产生和演变。古代朴素的管理思想兴盛于中国、古巴比伦和印度等地。公元前 2000 年,古巴比伦《汉谟拉比法典》颁布的 282 条法律,体现了远古法规管理思想。公元前 1100 年,中国出现了经权管理思想。后有历代的"人治""法治"及"知人善任"等管理思想。19 世纪后,随着机器大生产的兴起,欧洲出现古典科学管理思想以及法约尔的管理原则与过程理论等。

高校学生管理需确定自己的理论前提,也就是要与某种思想理论联系起来,以确立自己的基本方向。从哲学的层面看,高校学生管理思想主要包括以下四方面的内容。

1.运用相互联系的管理思想

高校学生管理是一种复杂的社会现象。从宏观方面来看,高校与社会、家庭和时代是联系在一起的,大学生当然也不是孤立于社会、与世隔绝的,所以高校学生管理牵涉社会、家庭,影响着时代,同时也受时代或

者说历史条件的限制。

从微观方面来看，高校学生管理诸要素之间也是相互联系、相互制约的，如管理与学习之间的关系、管理与教育之间的关系、管理与服务之间的关系、管理过程与管理结果之间的关系等，都是相互影响、相互制约的。

2.运用动态平衡的管理思想

管理是一个过程，这一过程是在不断发展变化的，既受大的经济和文化变化的影响，又受高校本身物力、财力及办学思路变化的影响。一切都在变化中，管理工作也处在不断完善与发展之中。同时，作为管理对象的大学生的人格、思想、行为也在学生管理过程中得到逐步发展与完善。所以把动态平衡的管理思想运用于管理工作中，具有重要意义。

3.运用对立统一的管理思想

实践证明，人们需要运用对立统一的管理思想解决高校学生管理活动中的各种问题和矛盾。

4.运用实践探索的管理思想

实践是检验真理的唯一标准，也是认识的重要来源。高校学生管理是一门实践性很强的科学，有很高的操作性要求。因此，人们在开展高校学生管理工作的时候，一定要有实践意识，要有探索创新的勇气，并将实践过程中形成的好的经验提升到理论的高度，从而在整体上指导学生管理工作的新实践。

(二) 指导思想

研究我国高校学生管理，主要应注意运用以下几个方面的理论观点和指导思想。

第一，坚持马克思主义关于人的全面发展的理论，培养有理想、有道德、有文化、有纪律的全面发展的高级专门人才，是我国社会主义大学的根本任务。做好研究工作首先要解决"为谁培养人"和"培养什么人"的问题。我国社会主义大学的性质决定了我们必须确保学校培养出来的毕业生，不仅要有扎实的科学文化知识和健康的体魄，而且必须具有高度的社会主义觉悟，也就是要有理想、有道德、有文化、有纪律。要培养这样的新人，就必须按照马克思主义人的全面发展的教育思想办教育。马克思主义教育思想的核心就是关于人的全面发展的学说。培养德、智、体全面发展的建设者和接班人的教育方针，是马克思主义这一理论精髓的具体运用。

第二，运用马克思主义关于辩证唯物主义的理论以及对立统一观点指导高校学生管理，在管理中坚持整体观。马克思主义辩证唯物主义哲学是一切社会科学和自然科学的理论基础。马克思主义的认识论和方法论，渗透于所有社会科学和自然科学之中，所以，也同样渗透于高校学生管理科学之中。我们要运用对立统一观点，坚持管理的整体观。在纵向上，坚持整体观就是局部与整体的统一，从学生管理工作的整体系统看，组成这个有机整体的各部分又都是一个支系统，是局部。学生管理系统的整体功能是由各部分的组合形式决定的，虽然支系统都各自具有特定的功能，但它们都应服从于学生管理系统整体的目的和功能，各个支系统的要素都是为了整体目的而建立的。在横向上，坚持整体观就是处理好各个支系统之间分工与合作的一致关系，把各部门都协调到为培养全面发展的人才这一共同的管理目标上来。

第三，运用高等教育和现代管理科学理论指导高校学生管理，使大学生管理科学化。现代治校观念要求我们靠现代科学来管理学校、管理学生。具体来说有以下两点：一要靠教育科学，要遵循教育的外部规律与内部规律办事。比如，高等教育的规模为一定的经济基础所决定，反过来又作用于一定的经济基础。高等院校作为高等教育的主要载体和平台，人才、资源、市场面临着越来越激烈的竞争，理念、体制、结构也面临新的变革和调整。高校要准确把握时代脉搏，直接面对市场办学。大学生管理也要研究新情况，解决新问题，面向21世纪培养高素质的复合型人才。二要运用现代管理科学的理论与方法进行管理，使学生管理队伍的组织机构严密，管理制度科学，人员分工合理，职责范围明确，奖惩分明，动作协调，工作高效。运用现代管理科学指导学生管理主要是运用它的基本原理：系统整体性原理、要素有用性原理、动态相关性原理、人的能动性原理、规律效应性原理、时空变化性原理、信息传递性原理、控制反馈性原理等。我们应在管理实践中力使管理组织系统化、管理决策科学化、管理方法规范化和管理手段现代化。

第四，继承和发扬我国多年来高校学生管理的成功经验。中华人民共和国成立70多年来的高校学生管理工作的成功经验，是当今学生管理工作的宝贵财富。首先，社会主义大学必须坚持中国共产党的领导，坚持社会主义方向，这是我国多年来办大学的一条基本经验。坚持党的领导就是用党的路线、方针、政策作为社会主义大学管理的基本指导思想，就是要确保社会主义大学的社会主义方向，调动全校师生员工的积极性，为培养德、智、体全面发展的高级专门人才努力奋斗。坚持社会主义方向，是由我国大学的社会主义性质所决定的。一切管理工作都要根据党的路线、方针、政策去组织、实施。各项规章制度的制定都要有利于坚持"一个中心，两个基本点"，有利于调动广大师生、员工的社会主义积极性，这是衡量管理功能与效益的基本点。其次，管理工作规范化、制度化，即把符合社会主义方向的，又经过实践检验比较成熟的民主管理和科学管理体制、程序、办法用制度形式固定下来，使工作形成规范，其中心点是责、权、利相结合，使制度的思想性和科学性统一。最后，坚持理论联系实际的原则，面向社会实践，坚持教育与生产劳动相结合。社会主义大学培养的人才，必须适应社会主义市场经济的需要，在思想上有高度的社会主义觉悟和共产主义献身精神，在业务上不仅要有理论知识，而且要有较强的分析问题和解决问题的能力，要有实干精神和较强的独立工作能力。

二、高校学生管理的基本原则和方法

原则是对客观规律的反映，是观察问题和处理问题的准绳。社会主义学校管理学的原则是学生管理的内在关系的规律性的反映，不是任何人随心所欲创造的。

在学生管理工作中，管理原则处于承上启下的关键地位，是管理目标和实现管理目标的手段之间的中介，是采取有效手段进行新时代高校教育管理理论与实践研究活动的基本要求。管理原则和管理目标、管理过程、管理方法、管理制度、管理者之间都有着密不可分的关系，并处于指导地位。

（一）高校学生管理的基本原则

高校学生管理的基本原则是根据学生管理工作的目的、任务和培养学生成为社会主义合格人才的客观规律制定的，它制约和指导着其他个别与特殊原则。

1.学生管理工作的方向性原则

管理是一种有目的的活动，管理工作必然具有方向性。以坚持社会主义方向为准绳，这是我国学生管理工作的一个本质特点。我国是社会主义国家，自然要使高等院校成为社会主义性质的育人场所。社会的性质制约着学校的性质，进而决定学校一切管理工作的性质，因此我国的高校学生管理工作作为一种有目的、有意识的自觉活动，必须坚持党的领导、坚持社会主义方向，为社会主义现代化建设培养、造就大批合格人才，这是高校学生管理工作必须遵循的一条最基本、最重要的原则。

2.理论与实践相结合的原则

理论与实践相结合，坚持实践是检验真理的唯一标准，这是马克思主义的基本原理，也是高校学生管理的基本原则。准确领会和掌握马克思主义相关科学及各种管理原理，从而把握它们的精神实质，是做好学生管理工作的前提。但是，管理原理的应用价值和范围，是受不同学校、不同管理对象和管理者水平等因素制约的。党和国家在社会主义现代化建设阶段有着基本的教育方针与政策，在各个不同发展时期，针对不同特点，又提出了一系列具体的方针、政策和要求。这些方针、政策和要求，应当体现在各高校学生管理的具体措施、方法之中。但是科学的学生管理必须从本地区、本校、本专业、本年级学生的具体情况出发，从学生的素质、兴趣、爱好及生理、心理特点等方面出发，制定出相应的方法和措施。

3.行政管理与思想教育相结合的原则

培养学生的共产主义思想品德，既需要耐心细致的说服教育，也需要坚持不懈的行为训练，使学校的教育要求变为学生的行为习惯，否则，教育的效果就难以巩固。学生良好行为习惯的训练和培养，离不开科学的管理。没有合理的规章制度、行为规范，教育就会空乏无力。行政管理在培养社会主义合格人才的过程中具有不容忽视的作用，它为教育工作提供规范、准则和纪律保证。具体的学生管理是通过规章制度、行为纪律等对学生的思想行为进行科学的指导和制约。这些规章制度、行为纪律表现为社会与学校的集体意志对学生的要求，表现为对学生行为的外在限制。因此，单纯地运用管理制度去解决学生复杂的精神世界问题，是违背教育规律和不切实际的。社会主义高校对学生进行管理的措施的制定与实施，必须以提高学生的认识能力、培养学生自觉遵守规章制度的自觉性为前提。自觉地遵守纪律源于正确的认识，更离不开正确的教育。高校只有通过科学而有效的思想教育，帮助学生提高遵守纪律的自觉性，才能真正实现管理的效能。

4.民主管理原则

社会主义高校学生管理工作的一个重要方面，就是要培养学生自我控制、自我管理的能力，强化学生在管理中的主动意识和主人翁态度，充分调动学生自我管理的内在积极性。因此，在高校学生管理工作中坚持民主管理的原则是符合整体管理目标的。

从大学生的心理特征看，他们处于心理自我发现期。在这一时期，他们产生了认识和支配自我、支配环境的强烈意识，他们思想和行为的表现明显区别于中学生具有相对独立倾向的特点，希望自己的意志和人格受到外界更多的尊重。他们对于学校制定的规章制度、行为纪律，会思考它们的合理性，一般不希望被动地处于服从和遵守的地位，而是要求参与管理。根据我国高校的学生培养目标和学生的心理特点，高校管理者在学生管理工作中应充分发扬民主，既把学生看成管理对象，又把学生看成管理主体。在实行民主管理时，高校管理者应充分发挥党团员学生的带头作用，重视学生干部的选拔与培养。这是实现学生民主管理的重要任务之一。

（二）高校学生管理的方法

高校学生管理的方法是根据学生管理原则，为实现学生培养目标而在德、智、体及其他方面所采取的具体方式、步骤、途径和手段。高校学生管理一般有以下几种方法。

1.调查研究

高校管理者对学生的情况要经常调查、了解、掌握，及时采取相应的管理措施。高校管理者在调查研究时要对调查对象、目的、方法做认真规划，不能临时应付，草率从事；调查中不带框框，坚持实事求是，不能以上级单位或某人的指示、意见为结论，到下面寻找材料佐证；在调查的基础上还要用马克思主义立场、观点、方法，对调查材料、调查事物进行分析、综合、研究。

2.建立规章制度

在学生管理中逐步确立一系列科学的管理制度，这是学生管理的必要方法。制度要符合学生身心发展的特点，符合教育规律和学生培养目标的要求。制度既要随着教育的发展而不断完善，又要有其相对的稳定性。

3.实施行政权限

根据学生培养目标、内容制定一系列规章制度、执行措施和行为规范，用行政方法进行管理，并通过相应的管理部门和师生、员工实施监督检查，从而使管理活动达到管理要求。行政方法包含褒扬和惩治两个方面。对遵守管理制度、行为符合规范的集体或个人，应予以表扬；对违反管理制度、行为不符合规范的集体或个人，要有明确的惩治措施。

4.适当运用经济手段

经济手段是行政方法的补充。在学生管理中，高校管理者对学生给予必要的物质奖励或惩罚，就是经济手段。采用经济手段并不意味着行政方法不足以保证管理实施，而是因为经济手段直接触及学生的利益，其作用是行政方法难以替代的。用经济手段进行学生管理时，要注意防止一种倾向，即只重视用经济手段去奖惩，而忽视日常的教育和引导，忽视行政管理的作用。同样，不能只重视用经济手段奖励优秀学生，而忽视用同样的手段处罚违纪学生，或者只重视处罚而忽视奖励，导致不能充分发挥经济手段的作用。

第五节　教学管理在高校教育管理中的重要性

一、教学管理的特点

教学管理在高校各项管理工作中的重要地位及教学活动的特殊性，决定了教学管理具有能动性、动态性、协调性、教育性和服务性等特点。

(一)教学管理的能动性

教学管理的能动性是指人的主观能动性。教学管理的对象主要是教师和学生。能否充分有效地调动教师"教"和学生"学"的积极性，是衡量教学管理工作成效的主要标准。在教学管理中，教师和学生具有双重身份，教师作为对学生学习活动的组织者、指导者时属于管理者，发挥管理者的职能，而作为高校教育教学活动的执行者时则属于管理对象，履行管理对象的职能；学生既是学校和教师的管理对象，又是自身学习活动的自我管理者。教师与学生无论是管理者还是管理对象，都具有主观能动性，彼此相互影响、相互促进。

(二)教学管理的动态性

教学管理涉及的每个环节都处于动态发展的环境中，如培养方案的内容要随着社会经济的发展而更新、完善，教学运行的管理要随着学校教学条件的变化进行合理调整，教学质量的评价体系要随着建设内容的变化不断地进行更新等。高校应在不断变化中总结经验，提高教学管理水平和质量。

(三)教学管理的协调性

教学管理的主要任务是协调好学生的个体活动和学校、教师组织的集体活动，充分发挥教师、学生的个性，有益于个人和集体的协同发展。

（四）教学管理的教育性

教学管理人员通过合理制定管理制度，有效实施管理过程，奖惩分明，帮助学生实行自我教育、自我管理、自我服务的"三自"管理，达到育人的最终目的。

（五）教学管理的服务性

高校的中心工作是育人，教学管理要围绕教师的"教"与学生的"学"做好服务工作。增强服务意识是对教学管理人员最根本的要求。

二、教学管理队伍的结构

高校教育教学管理队伍由分管教学副校长、教务处全体人员、学院（系）主管教学副院长（副主任）、教学秘书（教学办全体人员）和教务员组成。教学管理人员的结构主要包括学历结构、职称结构、年龄结构、学缘结构和性别结构等指标。科级以上管理人员岗位应具备硕士及硕士以上学历，博士学历占一定比例；处级岗位、教学副院长（副主任）和重要科级岗位应具备副教授以上职称，教授占较大比例；老、中、青各层次人员合理分布，教学管理队伍中既要有教学管理经验丰富的中老年专家，又要有充满活力、专业技术强的青年骨干；学缘结构上，非本校人员应该占多数比例，有利于融合不同的管理思想，承担重要岗位工作的教学管理人员应有基层教学管理工作经历。

三、教学管理的重点

（一）注重提高教学管理人员职业道德和业务能力

学校应充分认识到教学管理人员对学校发展所起的重要作用，注重培养教学管理人员的思想素质，树立其高尚的事业心、责任心及奉献精神。

首先，教学管理人员处于承上启下的关键位置，承担上传下达的工作职责，既要贯彻执行上级部门的文件精神与工作部署，又要组织、协调学校的教学管理工作，同时还要直接面对教学一线的教师，处于与学生沟通交流的前沿。这样的工作定位与工作职责要求教学管理人员具有良好的职业道德与高度的责任感。教学管理工作涉及面广、内容多，事无巨细，看似事小，实质关系重大。比如，传达上级文件精神、组织安排学校教学工作计划、教师停调课安排、考试工作安排、学籍档案管理等，年年重复，天天面对，很容易引起认识上的麻痹。看起来都是小事，但每件小事的管理出现差错就会直接导致院(部)甚至全校教学秩序的混乱，使教学工作无法正常运转，影响极大。

其次，教学管理人员要具有团结协作精神。高校教学管理工作的特点之一是层次管理，既有一定的独立性，又相互协作与配合。只有具有良好的团队协作精神，才能全方位地处理好分工负责的工作，为师生创造良好的工作环境，解决工作中遇到的问题。

最后，教学管理人员要具备较强的业务素质。教学管理人员的业务素质与能力是其独立从事教学管理工作、解决实际问题、顺利完成任务的根本条件。学校应提高教学管理人员的业务素质，使其熟练掌握教育学、心理学等有关高等教育知识，掌握教学管理的基本理论和专业知识，准确评估教学发展趋势，协调各部门、各因素间的相互关系，促进各类信息的顺利流通，不断创新管理方法，提高管理素质和水平；结合工作实际，开展教育科学研究与实验，适应管理科学化、现代化的要求。

(二)正确处理教学管理与教学质量的关系

教学管理是学校对教学工作各方面实施的管理，根据既定的目标、原则对整个教学工作进行有序的调节和控制。教学管理的每一个环节都与教学的质量关系紧密。教学管理涉及的内容广泛，从教学质量评价系统来看，包括培养方案、教学计划的制订，教学任务的安排，教学跟踪监测，信息收集，信息统计分析，质量评价等内容。每一项工作的具体内容又包括许多方面，如教学跟踪监测考察教学方法是否先进，授课内容是否新颖，理论与实践的结合情况如何，课堂是否有吸引力，学生作业、实验、实习的完成情况和考试的成绩评定等内容。教学管理要始终围绕全面提高教学质量这一中心工作开展。高校应改革和完善教学管理体制，建立新型的适应人才培养、素质提高的教学管理制度。

（三）正确处理教学管理人员与教师教学任务的关系

教学管理人员和教师共同承担着教育的使命。教学管理人员是以有效整合利用教育资源为主，教师则是以传播知识、启迪思想为主。"管理育人"和"教书育人"相辅相成，两者不是管理与被管理、监督与被监督的关系，而是相互影响、相互作用的关系。两者相互关联、密不可分，是同一目的两个不同的层面，具体体现在以下几个方面。

第一，教学管理人员是衔接教师"教"与学生"学"的纽带，协调和处理两者之间的矛盾与问题，创造良好的教学环境，保证"教"与"学"的顺利进行。

第二，教学管理人员通过整理、分析教师教学质量的各种信息，反馈"教"与"学"的情况并进行科学的评定；检查、考核教师在教学过程中的学术水平、教学水平及敬业精神，总结和评估教师是否完成教学任务制定的各项指标与计划，促使教师不断地按照社会发展和市场需求，保持高质量的教学水平，培养适应社会需求的高质量的人才。

第三，教学管理人员和教师共同参与学校的专业建设、课程建设、教材建设、实验室建设等工作，通过对教学的调查、研究、分析，提出改革和改进教学工作的方案与计划。

第四，教学管理人员为教师提供教学所需的帮助，创造优质的教学环境，让教师集中精力投入教学。

（四）注重教学管理与教学研究的关系

教学管理是一个长期建设和积累的过程。高校能够完成日常的教学管理，保障教学的正常运行，只是完成了第一层次的工作，标志着有了一个良好的工作基础和教学环境。要提高人才培养质量，提升教学管理水平，必须开展教育教学研究。实践证明，重视教育教学研究工作的学校，其教学工作的指导思想明确、目标选择恰当，能审时度势，从国情、校情出发确立新思想、新思路、新措施、新制度，教学工作和管理工作处于高质量状态。教学管理和教学管理研究开展较差的学校，其教学改革往往比较落后，抓不住教学改革的重点与核心。因此，注重教育教学研究，是教学管理提高水平、质量和效益的关键所在。

四、高校教育管理的重要性

教学管理是高校教育工作的重要组成部分,对培养高质量的人才起着重要的作用。加强教学工作的主要任务和基本举措是加大教学投入,强化教学管理,深化教学改革。这既需要各高校结合本校实际,健全和完善各项教学工作规章制度,也需要采取措施,确保各项规章制度严格执行。高校实施先进有效的教学管理,离不开高素质的教学管理人员。只有具备一支业务能力强、创新意识强、实干精神强的教学管理队伍,高校的教学管理水平才能不断提高。

(一)教学管理人员具备的素质能力

现代教育要求高校教学管理必须适应时代的发展。这对在第一线的教学管理工作者提出了更高的要求,要求他们具备多方面的综合能力和素质,具体表现在以下几个方面。

1.具备良好的道德素质

良好的道德素质是做好教学管理工作的基本条件。高校教学管理人员的道德素质如何,直接关系到学校教书育人的成效。"学为人师,行为世范。"教学管理人员应以自身的思想、学识、言行以及道德人格力量直接影响学生,做到榜样育人。

2.具有强烈的责任心

教学管理工作既有较强的连续性,又会遇到新情况、新问题,工作头绪多,任务重。强烈的责任心是教学管理人员必备的品质。如每学期的期末考试,从安排、组织考试,到上报各种考试报表,再到各科试卷、成绩单的整理归档,每个环节都必须认真负责,才能较好地完成工作。

3.具有扎实的业务知识

首先,要掌握系统的管理学知识。随着教学体制改革的深入,教学管理人员应掌握系统的管理学知识,按照管理规律办事,采用科学的管理方法,合理地分配人力、物力、财力,提高教学管理工作的效率。

其次,要掌握相关学科知识,这是做好教学管理工作的基础。院级教学管理人员应了解本院各专业的培养目标、课程体系及各教学环节的有关内容。

最后，随着科学技术的飞速发展，办公自动化的程度越来越高，教学管理人员应学习和掌握相关的信息手段与技术，如掌握学籍管理系统、教材管理系统、教务管理系统、教学评估系统、毕业证书管理系统的应用及有关日常文书处理软件的使用等，以促进教学管理方法的创新，保证教学管理工作的规范化、科学化和现代化。

4.具备较强的工作能力素质

工作能力是使教学管理活动顺利完成并获得预期效果的基础和保障，工作能力的培养和提高甚为重要。一名优秀的教学管理人员应具备一定的组织管理能力，较强的协调应变能力，利用现代化设备获取信息、处理信息的能力，较强的调查研究能力及团队协作能力等。这些能力是教学管理人员准确评估教学的发展趋势、协调各教学单位间相互关系、促进教学信息良性流动所应该具备的基本素质能力。

(二)教学管理的重要性

从世界高等教育的发展趋势看，深化教学管理是当今世界高等教育发展趋势的客观要求。提高人才培养质量是世界各国面临的共同课题，高校都在思考"21世纪的高等教育应该如何发展"。严格规范的教学管理，特别是教学质量的提升，是提高高等教育质量的重要保证，向管理要质量是教学改革的重要任务之一。

从高校教学管理的实际需要来看，近年来，我国高等教育得到了快速的发展，其在学总规模方面位居世界前列。但教育大国不等于教育强国。同时，我国有相当一批院校还没有形成健全、完善的科学管理制度。由于办学规模的不断扩大，师资队伍的结构发生了较大的变化，教学和管理的经验不足，教学管理队伍的建设还没得到充分的重视，且教学管理干部变更频繁，管理干部的素质和水平、教育思想的观念还不能适应现代化高等教育快速发展的要求，在一定程度上制约了教育教学改革的深入和健康发展。

从高校教学和管理队伍的历史、发展与形成来看，目前绝大多数从事教学管理工作的人员缺乏系统的"教育学""心理学""教育管理学"等方面的专业知识，大部分人员是通过实际工作的不断探索来积累经验的，不能够从理论上、教学上更好地把握教育工作和教学改革的建设工作的规律。

从高等教育科学的发展来看，许多高校没有把高等教育教学管理作为一门科学来对待，学校的教育教学管理不到位，没有形成必要的校内外教育研究信息沟通机制；缺乏教育教学研究的氛围，缺乏有组织、有计划、有目的的教育教学及管理研究，对学习、借鉴、继承、发展等一系列问题缺乏系统的思考和具体安排。

(三) 教学管理队伍建设的意义

加强教学管理队伍建设是增强学校竞争力的有力举措。随着社会的发展，高校间的竞争越来越激烈。如何招到更多的优秀学生，如何培养出更多的高素质学生，如何使本校的学生在就业市场中占据有利的地位，成为各高校普遍关注的重要问题。而从新生入学、过程培养，到毕业生离校的整个学习过程，都离不开教学管理的保障。教学管理队伍实力强，则贯穿于教学过程中的理念就更先进，制度就更健全，教与学的环境就更严谨、公正，学生掌握的知识和技能就更全面。加强教学管理队伍建设将使教学质量得到保障和提高。

加强教学管理队伍建设是提升学校教学工作水平的必由之路。21世纪初，教育部关于《普通高等学校本科教学工作水平评估方案(试行)》列出了19项二级指标，"管理队伍"是其中的考核项目之一；第二次全国本科教学工作会议后出台的《关于进一步加强高等学校本科教学工作的若干意见》中，教育部共提出16项具体要求，"强化教学管理……要加强教学管理队伍建设"是其中之一。由此可见，在考察教学管理水平时，教学管理队伍的建设是重要的评价指标。在实际工作中，教学管理队伍也确实为提升教学工作水平发挥了关键性的作用。无论是办学指导思想、师资队伍建设、教学条件和利用、专业建设与教学改革，还是教学管理、学风与教学效果，所有这些决定教学水平的项目，都与教学管理人员的工作息息相关。只有加强教学管理队伍建设，并将高素质的教师队伍与高质量的教学组织管理有机地结合起来，才能创造出良好的教育教学质量，不断地提升教学工作水平。

　　加强教学管理队伍建设是提高人才培养质量的重要手段。人才培养是高校的根本任务，人才培养质量是高校的生命线。为全面提高人才培养质量，必须强化教学管理，深化教学改革，积极推进教育创新，尤其要推进人才培养模式、课程体系、教学内容和教学方法的改革，促进传授知识、培养能力、提高素质的协调发展。教学管理人员是深化改革、推进创新的主要策划者、实施者和监督者，教学管理队伍的水平直接决定了学校教学改革的广度、深度和力度。所以，提高人才培养质量必须加强教学管理队伍的建设。

第二章　新时代高校教育管理基础认知

第一节　高校教育管理的伦理基础

一、伦理的解读

何谓伦理？对于如此熟悉和基础的词汇，具有一定认知水平的人可能会觉得自己已经了解了其内涵。然而，诚如奥古斯丁在《忏悔录》一书中所言："时间究竟是什么？没有人问我，我倒清楚，有人问我，我想说明，便茫然不解了。"事实上，对于那些耳熟能详的常识性的问题，我们往往无法用言语准确地表达其特定的含义，尤其是对"伦理"这一内涵非常丰富的词汇。即使在学术界，对伦理的理解迄今仍然是见仁见智、莫衷一是。因此，解读伦理概念也是本书无法回避的一个问题。

（一）伦理与道德

对"伦理"与"道德"这两个概念关系的把握，是我们解读伦理内涵必须面对的一个问题。

虽然一般情况下"伦理"与"道德"这两个概念大致相同，经常可以互换使用(本书沿袭了惯常的用法，即在行文过程中并没有对两者做出严格的区分)，但这并不意味着两者完全没有差别。如果我们在充分肯定伦理与道德紧密联系的前提下，把握两者之间的细微差别，无疑将有助于我们进一步深入和全面理解本书所研究的对象。

从词源来看，英文"伦理"一词既来源于拉丁文，又来源于希腊文，最早出现在荷马史诗《伊利亚特》中。其原意是指一群人共同居住的地方，后来引申为共居的人们所形成的性格、气质以及风俗习惯，通过这些风俗习惯，人们逐渐形成了某些品质或德行。对此，亚里士多德曾言："德性分为两类，一类是理智的，一类是伦理的。理智德性主要由教导而生成、由培养而增长，所以需要经验和时间。伦理德性则由风俗习惯沿袭而来，因此把'习惯'一词的拼写方法略加改动，就有了'伦理'这个名称。"

英文"道德"一词源于"风俗"一词，而"风俗"又是拉丁文"风俗、性格"这两个词的复数形式，所以，英文"道德"一词也起源于风俗习惯。从人们的风俗习惯入手，是认识伦理与道德的起点。从历史进程的角度来看，风俗习惯曾是伦理与道德的出处和根据。诚如亚里士多德所言："伦理德性是由风俗习惯熏陶出来的，而不是自然本性。……一切德性通过习惯而生成，通过习惯而毁灭。"根据分析可见，"在西方，道德与伦理的词源含义相同，都是指外在的风俗、习惯以及内在的品性、品德，因而说到底也就是指人们应当如何的行为规范"。贝克主编的《伦理学百科全书》中明确指出"这两个词常常被相互替换地使用"。

"伦理""道德"这两个词语在汉语中出现较早。就"伦理"而言，"伦"与"理"二字连用成词，始见于秦汉之际的《礼记·乐记》："乐者，通伦理者也。"东汉郑玄注解道："伦，犹类也；理，分也。"唐朝孔颖达疏云："阴阳万物各有伦类分理者也。"意思是把不同事物、类别分开来的原则和规范，形式上似与道德并没有多大的关联。但在中国古代，"伦理"一词多被引申用之，"'伦理'一词的含义主要还是用在人事而非物理上"。根据《说文解字》的解释："伦，辈也，从人，仑声。"引申为人际关系。至于"理"，《说文解字》曰："理，治玉也。……玉之未理者为璞。"引申为整治和物的纹理，继而又引申为规律和规则。例如，孟子的"五伦说"，即"圣人有忧之，使契为司徒，教以人伦：父子有亲，君臣有义，夫妇有别，长幼有序，朋友有信"。其中，"人伦"便是"人伦之理"的简称，"五伦"就是指君臣、父子、兄弟、夫妇、朋友这五种人际关系，亲、义、别、序、信则是处理这五种人际关系应该遵循的"理"，即规则。根据分析可见，"伦"是"理"产生的原因和依据，而"理"则源于人与人之间复杂的社会关系；"理"服务于"伦"，"伦"的和谐融洽有赖于"理"。"伦理"两字合用，乃是客观的人伦之理，即表示人与人之间在相互交往过程中所应遵循的道理、标准和规则。

在汉语中，"道德"中的"道"原指道路，《说文解字》曰："道，所行道也。"引申理解为必然性的法则、方法等，同时具有价值评价的标准、理想的含义。"从词源上看，'道'与'理'实为一物，同是规律和规则。""德"，根据《说文解字》的解释，"德，外得于人，内得于己也。从直，从心"，故其通"得"。那么，"德"通"得"应该如何解释呢？据朱熹对《论语》的注解："德者，得也，得其道于心而不失之谓也。"可见，"德"真正要"得"的是"道"，是得到人们行为应该遵循的各种原则和规范，使其内化为个人的内在品质和德行，并持之以恒地保持下去。由此，"德"便引申为"品质""道德品质"。

可见，"道德"中的"道"侧重于一种外在的社会规范，指的是未转化为个体内在心理的社会规范；"德"则侧重于一种内在的心理规范，指的是已经转化为个体内在心理的社会规范。"道德"两字连用成词，始见于《荀子》一书："故学至乎礼而止矣，夫是之谓道德之极。"意指如果一切都能按照"礼"的规定去做，就算达到了道德的最高境界。由此可见，荀子在这里已经赋予"道德"比较确切的内涵，即人们在社会生活中，经过学习、修养和实践而逐步形成的品质、品德，以及调整人与人之间关系的行为原则和规范等。

根据对伦理与道德中、西方文字词源学的考察，可以看出，伦理与道德在中、西方文字词源上的含义大致相同，均突出了行为准则在人们行为中的重要性。这也是在通常情况下，人们往往把这两个词语作为相互指称的词语来使用，有时甚至将之联结为一个概念——"伦理道德"的原因所在。尽管如此，"伦理"与"道德"这两个词语仍不断用于相异的判断，如在日常生活中，我们在评论个体的品质时，一般会说某个人"有道德"或是"有道德的人"，但不会说其"有伦理"或是"有伦理的人"。又如，道德有"公德"与"私德"之分，伦理也存在着"公共伦理"的说法，但却鲜见"私人伦理"之说法，等等，这说明伦理与道德还是存在一定的差别。那么，如何看待伦理与道德之间的差别呢？根据上述对两个词语词源的分析，并结合日常习惯用法，我们不难发现，相对而言，"'道德'更多地或更有可能用于人，更含主观、主体、个人、个体意味，而'伦理'更具客观、客体、社会、团体的意味"。

对于伦理与道德的区别，在哲学史上，黑格尔曾做了深刻的辩证分析。众所周知，在黑格尔之前，康德将道德区分为两部分，即"法权的学说"与"德性的学说"。前者涉及法权关系，大致可以归入法哲学或法的形而上学领域；后者则主要被视为伦理学的讨论对象。在这里，道德似乎具有更强的涵盖性，将法哲学与伦理学统摄于自身。黑格尔对此提出了异议，认为在康德的道德哲学体系中"道德"这个词语被高举了。在康德的哲学中，人类行动的原则都被限制在这个僵死的词汇之中，在这个词语的阴影下，"伦理"的含义被遮蔽了，对"伦理"和"生命"的探讨成了愚蠢的行为，并长期被公然压制。在黑格尔看来，从词源学的角度来考察，即使承认"道德"与"伦理"的概念相同，现在它们也演变成了很不相似的两个词语，那么我们就应该承认它们是有差别的，并应该将其细致划分，界定它们各自的真实概念、含义，而不是一味地无视它们的本质差别。因此，黑格尔在《法哲学原理》一书中对"道德"与"伦理"做了区分。

恩格斯指出："黑格尔的伦理学或关于伦理的学说就是法哲学，其中包括抽象的法道德伦理，其中又包括家庭、市民社会、国家。在这里，形式是唯心的，内容是现实的。法律、经济、政治的全部领域连同道德都包括进去了。"黑格尔之所以将自己的伦理学称为"法哲学"，原因在于"法"是伦理学的总纲、总题目，"道德""伦理"乃至国家利益等都是独特的法的体现。《法哲学原理》一书由三篇构成，标题分别是"抽象法""道德""伦理"。那么这三者之间是什么关系呢？黑格尔认为，"法"是自由的外在表现，人在所有权中获得存在和自由；"道德"是"自由在内心中的实现"，表现为良心；"伦理"是内在自由与外在自由的统一，表现为一定的社会组织和关系。在他这里，"道德"主要强调的是人的内心自由，是人对自己的内在规范，而"伦理"则是外在自由与内在自由的统一，是内在的道德表现在社会生活中，表现在与其他人的交往之中。据此，"我们可以说，道德更多地表征着一个人的内心境界，有着个人倾向，而伦理则表达了既有的社会关系，有社会倾向"。

在黑格尔看来，"法"是一种外在的强制性规范，欠缺主观性的环节，不是内心的自由规定；而"道德"则只具有主观性的环节，纯粹是个人内心的设定。所以，"法"与"道德"都是抽象的东西，都缺乏现实性，它们必然过渡到"伦理"，"只有伦理才是它们的真理"。这样，在黑格尔这里就有了"伦理"与"道德"的分界："伦理"高于"道德"，"道德"是主观的，而"伦理"是在它概念中的抽象客观意志和同样抽象的个人主观意志的统一，"伦理"蕴含着"道德"，"道德"缺乏现实性，而"伦理"则具备现实的必然性。黑格尔对伦理与道德的区分，对于我们科学洞察两者的内涵、正确把握两者之间的关系具有深刻的启示意义。虽然这种区分仍然建立在伦理与道德密切联系的基础之上，也并不能说明长期以来伦理与道德在同义上的使用是错误的，但其无疑从侧面展示了人类在思维领域对社会现象或社会事实反映的精细化、深刻化。黑格尔对伦理与道德的区分给我们最大的启发就是"以伦理道德为研究对象的伦理学既要研究客观的道德法则，又要关注个体的道德修养，但后者当是以前者为基础的"。

　　不过，除了黑格尔等少数纯粹探讨伦理学元问题的哲学家外，"无论在中国还是在西方，人们常常是把'伦理''道德'当作同义词来使用"的。它们虽有微殊，但无迥异，义理基本相通，可以相互转换。"无论如何，两个概念的趋同还是主流"正是"基于长期以来人们已经比较习惯于将道德与伦理视为大致一样的概念，因此目前我国通用的道德概念已经超出黑格尔所界定的道德范畴"。由于本书并非专门探讨伦理元问题，因此，也大致遵循这一主导倾向，没有对伦理与道德做本质上的区分，而是将其视为同一概念，即"伦理道德"来使用。只是在表述形式上，考虑到"伦理"一词相对而言比较契合教育管理的公共性和学术研究的理性反思特征，因此，将论题确定为"教育管理的伦理基础"，而非"教育管理的道德基础"。

(二)伦理的本质

　　所谓伦理的本质，即伦理道德的根本性质，是伦理道德区别于其他事物的内在规定性。虽然前文已经对伦理道德的概念做了相应的阐述，使得我们对其含义有了一定的了解，但这并不等于我们就认清了伦理道德的本质，因此，还需要做进一步探究。

　　对于伦理道德的本质，中外历史上很多思想家、哲学家和伦理学家曾经从不同角度进行过相应的探讨。例如，在中国历史上，孔子认为，伦理道德乃是上天赐予人的，即"大生德于予"；孟子认为，伦理道德就是善，是人生来就有的，即"仁义礼智，非由外铄我也，我固有之也"；等等。再如，在西方历史上，柏拉图认为，伦理道德是"神"把善的理念放到人的灵魂中的结果；苏格拉底认为，伦理道德归根结底来自人对世界的真正了解，因此，其认为"美德即知识"；康德认为，伦理道德是一种实践理性的命令，而这种实践理性就是人先天固有的"善良意志"；杜威认为，伦理道德是一种用来分析情境和确定行为选择的工具，是一种"考察和筹划的特殊方法，用来考察经验事实，分析各种因素，认识客观条件，勘定困难和不幸，并设想行动方案，加以比较，做出选择，决定主观行为"；等等。总之，中外历史上对伦理道德本质的认识林林总总，众说纷纭，以至于美国哲学家怀特利发出了伦理道德"具有如此之多的含义，以至企图将它们理出头绪的决心是无用的"感叹。可是，不解决这个难题，有关伦理道德问题的进一步探讨便无从谈起。

诚然，对于伦理道德这一纷繁复杂的人类社会现象，伦理学上的任何理论学说都试图去揭示其本质内涵。上述中外历史上的思想家、哲学家和伦理学家的种种见解，体现出不同时期人们对伦理道德本质的认识，其中有些观点也不乏可取之处，但由于认识的局限和方法论的制约，他们要么把伦理道德看作有意志的天或上帝赋予人类的规定，要么把伦理道德看作某种先于人类而存在的客观精神，如理念、天理、绝对理念等体现于人身的产物，要么把伦理道德看作人性、人心或人的理性中先天固有的东西，要么对伦理道德本质的探讨流于空泛，没有抓住最本质的特征，因而这些理论虽异彩纷呈，实则未解伦理道德真义，最终都未能对伦理道德的本质做出科学的解释和规定。当然，我们不能要求理论比现象本身更真实，理论毕竟略去了现象世界的大量细节，其和现象自身相比已经被大大简化了，它的目的是抓住现象的最主要特征，从而更有效地解释现象。诚如马克思所言："理论只要彻底，就能说服人。所谓彻底，就是抓住事物的根本。"那么，伦理道德的本质究竟为何？中华人民共和国成立后，受苏联伦理学观点的影响，将伦理道德的本质视为一种意识形态在我国伦理学界甚为流行。其依据就是马克思、恩格斯经典著作中对伦理道德的一些相关论述。马克思、恩格斯在《德意志意识形态》中指出："人们的想象、思维、精神交往在这里还是人们物质行动的直接产物。表现在某一民族的政治、法律、道德、宗教、形而上学等的语言中的精神生产也是这样。……意识在任何时候都只能是被意识到了的存在。"因此，道德、宗教、形而上学和其他意识形态"是"物质生活过程的必然产物"。在《反杜林论》中，恩格斯又指出："人们自觉地或不自觉地，归根到底总是从他们阶级地位所依据的实际关系中——从他们进行生产和交换的经济关系中，吸取自己的道德观念。"学者们根据马克思、恩格斯的论述推断"既然道德是由经济基础决定的，又是属于社会的第二性的思想关系和社会上层建筑，是为一定阶级的经济、政治制度服务的，那它必然是一种社会意识形态"，并由此进一步得出伦理道德的本质就是社会意识形态的结论。在笔者看来，若就此简单推论，显然失之偏颇。首先，应该指出的是，马克思的意识形态概念主要是一种社会结构的分析性概念，它只是指出伦理道德在社会结构中处于社会意识形态的地位，发挥着社会意识形态的功能，但这并不能理解为对"伦理道德是什么"这样一个实质性问题的回答，并不能说明伦理道德的本质就是社会意识形态。其次，如前所述，我们说事物的本质，就是一事物区别于其他事物的内在规定性，是一事物之所以为一事物的根本性质，若将伦理道德的本质视为社会意识形态，那么，其与政治、法律、宗教等其他社会意识形态又如何区分呢？显然，这也是无法自圆其说的。然而，长期以来，这种"偏颇"却被视为马克思主义伦理道德观的一个基本立场和观点，也被看作用马克思主义观点研究伦理学的一个基本方法。在相关研究中，"价值观念……并通过社会教化把它灌输给民众，似乎这就是伦理学的基本使命，唯有此社会的道德才能进步"，这显然是对马克思、恩格斯观点的一种曲解。

那么，马克思、恩格斯是如何认识伦理道德的本质的呢？在《〈政治经济学批判〉导言》中，马克思指出："整体，当它在头脑中作为被思维的整体而出现时，是思维着的头脑的产物，这个头脑用它所专有的方式掌握世界，而这种方式是不同于对世界的艺术的、宗教的、实践精神的掌握的。"我们知道，人类活动主要可以划分为两大类别：一是物质活动，即实践活动，主要是物质资料的生产活动；二是思想活动，即思维活动，包括科学理论、艺术、宗教和伦理道德。上述马克思所言的"整体"，即客观世界

"专有的方式"，"这种方式"是指科学理论和哲学思维方式，而"实践精神"所指的即伦理道德。根据分析，不难看出，马克思在这里将伦理道德表述为一种"实践精神"，即伦理道德是人们用"实践精神"把握客观世界的一种方式。

马克思之所以将伦理道德表述为一种"实践精神"，其主旨在于进一步揭示伦理道德这种思想观念、社会意识和人类精神所特有的本色。也就是说，伦理道德虽然是一种思想观念、社会意识和人类精神，但又不同于科学理论、艺术以及宗教等其他的思想观念、社会意识和人类精神。科学把握世界，是在真理和谬误的对立面中运动，给人类带来真理，人们利用真理改造、控制世界，使人类成为世界的主人。艺术把握世界，是对世界形象的认识和改造，它在美和丑的矛盾对立中运动，给人类带来美感，在审美过程中，人获得象征性的自我实现。伦理道德则以评价命令的方式把握世界，在善恶的对立中运动，一方面通过评价的方式为人们确立应当寻求的善的理想，促进人性的丰富与完善；另一方面通过评价命令来判定正义与非正义、善与恶，使人们趋善避恶，协调社会关系，维护良好的社会秩序，为人的自我肯定、自我实现创造良好的社会条件。简言之，科学以真假观念来把握世界，以期如实地反映世界的真面目；艺术以美丑观念来把握世界，从而决定自己的爱憎；伦理道德则以善恶观念来把握世界，从而决定自己的取舍。它是一种以指导行为为目的、以形成正确的行为方式为内容的实践精神。既然如此，这种实践精神显然是一种价值追求，它体现着主体的需要同满足这种需要的对象之间的价值关系，以特有的价值标准将世界分为善的和恶的、正当的和不正当的、应该的和不应该的，并且弘扬前者，贬斥后者，表现出把握世界的独到的价值和意义。

从上述分析可以看出，伦理道德本质上是一种实践精神，"一种人类文化现象，一种人性化的价值观念或价值精神"，这是伦理道德区别于其他事物的内在规定性。正是基于此种理解，我们将伦理道德定义为人们运用善恶评价的方式来把握世界和把握自身的一种文化价值观念、行为规范及其实践活动，是一种实践精神。这一定义反映出伦理道德有如下几个特征。

其一，文化性。伦理道德本质上是一种文化现象和文化创造，其主要体现为一种观念文化或精神文化，但可以通过制度文化和人类实践加以认证与体现。

其二，价值性。伦理道德本质上是一种价值意识、价值观念和价值精神。一般价值意识在伦理道德领域体现为主体的观念和行为对他人、社会的有利或有害的善恶意识，因而，它是以善恶作为评价观念和实践标准的，善与恶的矛盾是伦理道德领域的特殊矛盾。

其三，应然性。伦理道德不仅是一种文化现象、文化创造和善恶价值观念，也是一种正当的规范意识与行动指令。它不仅是思想观念，而且是行为准则。应然性、正当性是伦理道德的重要特征。

其四，非强制性。伦理道德是一种行为准则，但调节人们行为准则的并非仅仅是伦理道德，还有诸如法律、法令、戒律等准则和规范。但与这些制度化的准则和规范不同的是，伦理道德并不使用强制性手段为自己开辟道路，而是借善恶评价的方式，即主要借助传统习惯、内心信念和社会舆论来实现。如果说法律、法令是惩恶扬善，那么，伦理道德则是谴恶扬善。

其五，实践性。马克思指出，"全部社会生活在本质上是实践的。凡是把理论引向神秘主义的神秘东西，都能在人的实践中以及对这个实践的理解中得到合理的解决"。伦理道德作为一种人类在实践中创造出来的文化价值观念和规范，必然源于实践、离不开实践并指导实践。它是实践精神，即它是寓于实践中的精神，是精神指导下的实践，使精神与实践密不可分、二位一体，知行统一甚至是知行合一。鲜明的实践性是伦理道德的重要特征。

二、教育管理的伦理基础的界说

"经验告诉我们运思的严肃与措辞的精当是统一的，而只有概念的明晰和概念系统的逻辑自洽，才能保证运思的严谨。"基于前文对伦理等基本概念的分析、研究，下面拟从内涵、特性两个方面，对教育管理的伦理基础这一最为核心的概念进行界说。

（一）教育管理的伦理基础的内涵

教育管理的伦理基础应该说并非一个专门概念，因此，能否精到、周延地用文字概括出其特定的内涵，是笔者在写作过程中遇到的一个现实难题。

"然而，如果对所要论述的问题没有一个基本界定，那么，所论不免流于宽泛，让人不可捉摸。""始生之物，其形必丑。"庄子的名言给予笔者斗胆尝试的勇气。

从构词法角度而言，"教育管理的伦理基础"由"教育管理"和"伦理基础"两个词组组合而成，这两者之间是一种偏正关系，即"教育管理"为偏，"伦理基础"为正。因此，对"伦理基础"的认识乃是理解"教育管理的伦理基础"内涵的关键所在。那么，"伦理基础"这一概念又应如何理解呢？

关于"伦理基础"这一概念，王本陆教授在《教育伦理哲学刍议》一文中曾有过这样的阐述："教育的伦理基础或伦理本性，是对教育本质的一种伦理追问，是对教育基本伦理预设的审查，是对教育在长期历史发展进程中表现出来的伦理精神的概括。"在此基础之上，文章进一步指出："在教育伦理哲学中，探讨和关注教育伦理基础或伦理本性问题，其焦点和核心在于追问构成教育合理性基础的伦理前提是什么，即教育成为教育而非其他物的伦理基础，它强调的是教育与其他物的比较以及教育的伦理预设。也就是说，教育伦理哲学的提问是：从伦理学角度看，教育为什么是可能的？教育意味着什么？"可以看出，王本陆教授在这里将"教育的伦理基础"等同于"教育的伦理性"或道德性、伦理本性以及伦理特性，并且其侧重的是从伦理性的角度来寻找教育的伦理性质和特征，也就是说，其"实质上是从伦理角度对教育本质进行的分析、把握和规定，是对教育进行伦理划界"。在笔者看来，伦理基础与伦理性乃是研究相关伦理问题的两个不同视角，两者虽然密切联系，但是仍存在着一定的区别。王本陆教授将伦理基础和伦理性两个概念完全等同，笔者认为是不甚合适的。对于两者之间的关系，我们可以具体到教育管理这一论域尝试做出分析，并在此基础上提出对教育管理的伦理基础的理解。

教育管理既是人类社会具体领域的一种实践活动，也是人类社会一种特殊的社会伦理文化现象。将教育管理作为一种伦理文化现象来研究，考察教育管理本身具有怎样的伦理性质和伦理特征，这是教育管理的伦理性问题。广义的伦理性就是价值性。亚里士多德把伦理学规定为关于善的问题的研究，而善的问题就是价值问题。广义的伦理性其实就是把道德范畴提升到价值论的高度。据此视角审视教育管理，就需要考察教育管理作为一种教育活动的有效组织方式怎样体现人的价值和给人带来了何种价值，"体现人的价值追求则是管理得以存在的价值依据或价值前提"。具体而言，广义的伦理性乃是教育管理的伦理发生的根本前提。显然，我们在这里所讨论的主要问题并非这种广义的伦理性，否则顺着这一思路去研究教育管理中的伦理问题，无疑是将伦理问题泛化，导致不能集中、典型地揭示教育管理的伦理性质与伦理特征。明确地说，我们这里使用的是狭义的伦理性概念，即特指教育管理作为一种伦理演化现象，在运作过程中所体现出来的或本身所蕴含的伦理性质和伦理特征。

与伦理性视角不同的是，伦理基础视角则主要是将教育管理视为人类社会具体领域的一种实践活动，考察这种实践活动需要什么样的伦理价值体系支撑才能得到有效运作。换言之，从教育管理的运作基础来看，它需要什么样的伦理价值体系作为支撑。很显然，这里的"基础"是针对伦理作为教育管理运作过程中的一个要素而言的。我们知道，教育管理作为一种对教育资源进行合理配置、有效利用的协调性活动，要想得到有效运作，离不开相应的条件支撑与配合，有着其不可或缺的诸种要素。"教育管理活动的要素涉及事实层面，也涉及价值层面。"教育管理活动事实层面的要素是指与教育管理实践活动直接有关的、教育管理活动中所客观存在的那些要素，如教育管理活动中人的要素、资源和管理的要素、过程的要素、环境的要素以及方法和艺术的要素等。教育管理活动价值层面的要素是指人们基于自己的价值观对教育管理活动进行认识，并对这些认识进行理论概括所形成的管理理念性的要素，主要有教育管理活动的本质、教育管理活动的职能、教育管理活动的效能、教育管理活动的原理、教育管理活动的原则，以及贯穿于上述诸要素之中的对教育管理活动和人自身发展关系的认识所产生的管理理念这一价值因素等，而伦理价值体系就属于教育管理活动价值层面的要素。具体而言，就是对教育管理活动和人自身发展关系的认识所产生的一种管理伦理理念。它贯穿于教育管理活动价值层面的各要素之中，在教育管理的协调活动中发挥着重要的支撑作用，深层次、基础性地引导和规范着教育管理活动的实际运作。

当然，我们说教育管理的伦理基础与伦理性存在着区别，并不是否认它们之间内在的密切联系。它们之间的联系具体体现为教育管理的伦理基础的确立并非一种主观臆想或者生硬强加的产物，而是有着其赖以存在的理论依据，这种依据就是对教育管理的基本伦理预设，即教育管理本身具有伦理性。正因为教育管理活动在其运作过程中本身就具有伦理性质和伦理特征，我们才能有意识地培植与这些伦理性质和伦理特征相对应的教育管理伦理观，确立相应的教育管理伦理规范，以发挥伦理在教育管理活动中的重要支撑作用。建立教育管理伦理观、确立教育管理伦理规范的过程，实质上就是探寻教育管理的伦理基础的过程。

毫无疑问，当我们用"伦理基础"这一概念去揭示伦理作为一个重要因素在教育管理活动中的作用时，我们使用的是结构的方法和分析的方法，即先把教育管理活动从结构要素上进行划分，显现教育管理活动各构成要素之间的关系，进而揭示伦理作为一个要素是如何同其他要素结合在一起并发挥其作用的。在此基础上，再用分析的方法对伦理本身进行结构性分析，由于这种分析是在对教育管理的伦理性有了一定认识的基础上进行的，因此两者之间有了某种程度的内在关联性。具体而言，伦理性视角是把教育管理作为一种伦理文化现象，其主旨在于通过对教育管理自身的本体论伦理追问，寻找教育管理本身所蕴含的伦理性质和伦理特征，这种伦理特征可以说是人们通过经验所得到的，所以，它带有描述的性质。

当我们沿着这种思路将在教育管理活动中所表现出来的伦理特征和伦理内容进行特征提炼与综合概括时，就形成了教育管理的伦理基础的概念，即教育管理作为一种教育活动的有效组织方式所要求的"伦理价值取向模式"或"伦理范型"。这种"伦理价值取向模式"或"伦理范型"并不是作为一个客观对象摆放在那里的，而是我们对教育管理的伦理内容和伦理特征进行概括、总结以及提炼的产物，是使其实现由"自在"到"自为"转化的结果。这个结果不是被描述出来的，而是分析出来的。它并非教育管理某一方面的伦理内容或伦理特征，而是一个有机的伦理价值体系，即由一系列在伦理方面对教育管理活动起主要支撑作用的观念和规范所构成的。这种伦理价值体系的实现过程就是教育管理伦理基础展开的过程，这种展开并不是一种孤立的过程，而是与其他教育管理活动的要素有机地结合在一起，并在教育管理的协调过程中实现的。

这里必须指出的是，伦理基础与伦理性只是我们研究教育管理伦理问题的两个视角，事实上并不存在独立的伦理基础和伦理性，它们原本是统一的，一如教育管理既是实践活动又是伦理文化现象。

基于上述分析，我们尝试着给出对教育管理的伦理基础这一概念的理解，即所谓教育管理的伦理基础，是指教育管理作为一种教育活动的有效组织方式所要求的"伦理价值取向模式"或"伦理范型"，这种"伦理价值取向模式"或"伦理范型"乃是在伦理方面对教育管理活动起主要支撑作用的观念和规范所构成的一种伦理价值体系。

(二)教育管理的伦理基础的特性

为了深入理解教育管理的伦理基础这一概念，有必要进一步对教育管理的伦理基础的特性进行分析。只有在对教育管理的伦理基础的特性准确把握的基础上，我们才可以深刻地认识教育管理的伦理基础的特定内涵。

1. 教育性与管理性的有机统一

伦理道德作为一种正当的规范意识与行动指令，可以说本身就含有教育与管理的因子。这是因为，首先，从伦理道德与教育的关系来看，伦理道德是人类完善自身及其本性的基本方式和方面，而"教育的意义本身就在于改变人性以形成那些异于朴质的人性的思维、情感、欲望和信仰的新方式"。人的本性可塑，才有道德的需要和可能，而道德对人的本性的控制方式就是教育，"它的运作本身也构成教育运作的一个有机组成部分"。道德与教育都以人及其本性和行为的完善为根本目的，两者之间存在密切的联系。正是在这个意义上，杜威提出了"道德即教育"的著名命题。其次，就伦理道德与管理的关系而言，"无论从伦理学的角度，还是从管理学的角度，伦理、道德都是人类的一种特殊的管理活动或方式"。作为人类的一种特殊管理活动或方式，伦理道德表现在主体的内在心灵活动中，体现为主体内在的精神自律，是内在的、个体的管理。

伦理道德本身含有教育与管理的因子。教育管理的伦理基础之所以具有教育性和管理性，从根本上讲，还是源自教育管理的基本规定性。如前所述，教育管理是一种既受教育影响又受管理影响的特殊的活动，其不仅具有教育活动的性质，也具有管理活动的性质。说它具有教育活动的性质，是因为教育管理活动是与教育活动同时产生的，初始的教育活动就有教育管理活动相伴随。而且这种教育管理活动的教育性是比较明显的。说它具有管理活动的性质，是因为教育管理活动是与管理活动有关联的。管理里面有教育的因素，而最为重要的是教育本身就具有一定的管理性。教育管理的教育性与管理性并不是分离的，而是有机统一的，教育中有管理，管理中有教育，它们相互渗透、相辅相成，从而使这种活动形成了一种既与教育和管理相联系，又有别于教育和管理的独特特征。教育管理的伦理基础作为基于教育管理活动而形成的伦理规约，则必然受制于教育管理这一基本规定性，体现出教育性与管理性有机统一的特性。

那么，如何理解教育管理的伦理基础是教育性与管理性的有机统一呢？我们知道，教育管理的伦理基础作为一种"伦理价值取向模式"或"伦理范型"，本身就是教育管理活动应该遵循的伦理规范。不仅如此，其在导引、规范教育管理活动的过程中，还教育、管理人们要遵循一定的伦理规范，体现出鲜明的教育性和管理性。就教育性而言，它向教育管理者明示其所应担当的责任及其内在依据，并向其展示履行这种责任应该确立的伦理价值体系和应该遵循的行为模式。这一过程实际是教育管理者接受教育的过程。教育管理者"在其中不仅可获得'应该如何'去做的认识，而且还会获得，为什么'应该这样'去做的认识"。另外，它还能对教育管理对象，即被管理者产生作用，使被管理者将其中的某些精神作为指导自身行为的因素。也就是说，其可以通过教育管理者间接地教育被管理者，使被管理者遵循一定的伦理规范。就管理性而言，这种"伦理价值取向模式"或"伦理范型"不仅能规范、约束教育管理者的行为，而且能调整教育管理者与被管理者之间的关系，协调他们之间的行为，使他们的行为都建立在一定的伦理规范的基础之上，从而保证教育管理活动的有序运转。当然，如同教育管理一样，教育管理的伦理基础的教育性与管理性也是相互渗透、有机统一的。

2. 相对性与绝对性的辩证统一

众所周知，人类社会总是处于不断运动和发展中，受制于社会历史条件、文化传统等方面的差异，不同历史时期、不同民族、不同国家的人们所秉持的伦理观念、善恶标准都是多种多样的，甚至有时是根本对立的。诚如恩格斯所言："善恶观念从一个民族到另一个民族、从一个时代到另一个时代变更得这样厉害，以致它们常常是互相直接矛盾的。"教育管理的伦理观念或善恶标准自然也是如此。对相同的教育管理现象和行为，不同历史时期、不同国家、不同民族的人们常常会做出不同的，甚至相反的伦理评价或善恶判断。例如，对于教育管理中体罚学生的现象，不同历史时期的人们就有不同的看法。在古代乃至近代，教师体罚学生往往被认为是天经地义的，甚至被看作一种行之有效的教育管理方式。然而，进入现代社会以后，体罚则一般被人们"视为教育系统中野蛮、丑陋的行为而给予否定"。即使那些在立法上仍允许或默许对学生进行体罚的国家，也备受舆论的道德谴责和伦理批判。既然不同历史时期、不同民族、不同国家的人们所秉持的教育管理的伦理观念、善恶标准常常是大相径庭的，那么，教育管理活动还存在共同的伦理基础吗？这一问题的实质就是如何认识教育管理的伦理基础所具有的一个重要特性，即相对性与绝对性的辩证统一。

的确，不同历史时期、不同民族、不同国家的人们所秉持的教育管理的伦理观念、善恶标准常常是多种多样的，甚至是截然相反的，但这并不意味着教育管理活动背后没有相同的东西。我们知道，教育管理从本质上来说就是教育管理者按照一定社会的要求和教育自身的规律，为促进人类自身再生产，从而使教育更好地为一定社会服务的一种协调活动。这一本质属性决定了教育管理要发挥两方面的作用：一方面，要使教育管理更好地促进人的发展；另一方面，要使教育管理更好地为社会服务。这两方面作用的发挥，体现着教育管理的基本价值，这种基本价值乃是教育管理的根本所在，也是教育管理的伦理预设的出发点。在不同历史时期、不同民族、不同国家，无论教育管理活动的内容与形式有多大的差异，它们总要以自己的形式体现教育管理的基本规定性，总要面对共同的基本问题来提出伦理要求，从而也就必然含有一些共同的东西。教育管理的伦理基础正是基于教育管理的基本问题而形成的伦理规约，是开展教育管理活动的基本道义和精神前提。我们不能因教育管理的伦理观念或善恶标准具有变化性而否认教育管理活动的共同伦理规约的存在。反之，我们也不能机械地看待教育管理的伦理基础，将其视为抽象不变的绝对理念。科学的认识应该是教育管理的伦理基础，是相对性与绝对性的辩证统一。

具体而言，承认教育管理的伦理基础的相对性，并非意味着我们持"公说公有理，婆说婆有理"的无善无恶、亦善亦恶的伦理相对主义观点。因为教育管理的伦理基础的这种相对性总是和绝对性相联系而存在的，在其背后有绝对性和客观性的依据。承认教育管理的伦理基础的绝对性，也并不是说其具体内容亘古不变，而是超越时空的"绝对命令"和"永恒法则"，这"恰恰表现为各种各样包括对立和分歧的富有个人的伦理要求的多样性存在，表现为伦理要求的变化与发展。变化、对立、分歧中存在着共同性，共同性包含和表现为变化、对立和分歧"，体现着同一性与斗争性的辩证联系的伦理精神。这就是我们对教育管理的伦理基础的相对性与绝对性辩证统一特性的科学理解。

3. 现实性与理想性的辩证统一

教育管理从根本上说是人的一种实践活动。教育管理的伦理基础作为基于教育管理实践活动而形成的伦理规约，也必然源于现实的教育管理实践，受教育管理实践制约，并适应着教育管理实践发展的实际需要，与教育管理实践密不可分。因此，现实性是教育管理的伦理基础的一个显著特征，其表征着教育管理活动的"实然"状态。但是，教育管理的伦理基础作为一种伦理规约，毕竟是一种伦理，而伦理作为一种价值形态，其内在精神是对社会理想和人生价值的崇高追求，理想性与超越性是它的灵魂，也是其基本特性。伦理的追求是人类对自身自由发展和自我实现的理想性或超越性，一旦失去理想性或超越性，伦理也就失去了它应有的价值。伦理的这种内在精神恰是教育管理所蕴含的伦理追求和道德价值理想，因而教育管理的伦理基础也具有提升教育管理者境界的理想性或超越性作用。其具体表现是它为现实的教育管理活动树立伦理道德价值理想，揭示教育管理活动的"应然"世界，激励人们在教育管理活动中趋善避恶，推动着现实的教育管理活动不断从"实然"走向"应然"。

教育管理的伦理基础的现实性与理想性是辩证统一的。一方面，承认教育管理的伦理基础的理想性，并不意味着教育管理的伦理基础远离现实的教育管理实践。教育管理的伦理基础的理想性是寓于现实性之中的理想性，是对现实性的一种反映，离开了现实性，教育管理的伦理基础的理想性就失去了根基，而成为虚无缥缈的东西。另一方面，承认教育管理的伦理基础的现实性，并不是说教育管理的伦理基础就拘泥于现实，完全被动地受制于现实的教育管理实践。教育管理的伦理基础的这种现实性是蕴含理想性的现实性，它内部潜藏着理想的因子，并以理想为目标，提升、超迈，以趋向理想性，理想性保证着现实性不至于裹足不前、与流俗相同。现实性与理想性相辅相成、互为依托、相互促进，不能截然分离。

综上所述，教育管理的伦理基础从本质来说，就是教育性与管理性的有机统一、相对性与绝对性的辩证统一、现实性与理想性的辩证统一。这些本质特性反映了在教育管理的伦理基础中存在着复杂多样的联系。因此，对于教育管理的伦理基础这一概念，我们要辩证、全面地理解和把握，避免简单化、片面化地认识。

第二节　高校教育管理的人性逻辑

一、人性释义

人性和人的本质问题是人学的核心问题，也是研究管理理论和管理思想无法回避的重要理论问题，是认识管理和管理实践活动的基本前提。

人性问题如同哲学史上关于物质和精神的问题一样，是中外思想家一直以来争论不休且至今尚无定论的一个极为重要的理论问题。在欧洲，关于人性的论述最早产生于古希腊，到了文艺复兴时期，关于人性的论述随着资产阶级反封建、反神学的斗争而日益系统化、理论化。这一时期的人文主义者把自由、平等、追求物质和精神上的享受看成人的自然本性。继文艺复兴之后，18世纪上半叶，法国资产阶级发动了反封建的启蒙运动，资产阶级为了切身利益，更响亮地提出了"自由""平等""博爱""理性"等是人的本性或天性。傅立叶认为人性就是"情欲"，圣西门认为人性本来是"心地善良"。所以，19世纪初期两大空想社会主义者圣西门、傅立叶所说的人性，也没有超出人的自然本性和伦理道德的范畴。由此可知，一般所言的人性是指有别于人的本质的人的各种属性。

在中国，据现存文献资料记载，"人性"的观念萌发于殷周之际。《尚书·周书·召诰》中的"节性惟日其迈。王敬所作，不可不敬德"和《诗经·大雅·卷阿》中的"俾尔弥尔性"都被历代注家认为是西周初年所写，因而可以说此两篇作品中关于人性思想的论述是中国现存文献中关于人性思想的最早记载。

在中国哲学史上，第一个提出"性"的界说的是告子。《孟子》中记载了告子的言论说，即"生之谓性"，又说"食色，性也"。另外还有庄子的"性者，生之质也"，荀子提出"生之所以然者谓之性"，孟子提出"人之所以异于禽兽者"的人性观，程颐提出天地万物本原的"极本穷源之性"，朱熹认为"性者，人生所察之天理也"，王夫之在"性即理"的基础上提出了"性者生之理也"，等等。我国著名学者张岱年先生把中国古典哲学中的性及人性观归纳为四种：一是告子、荀子的"生之谓性"，以生而具有、不学而能的为性；二是孟子、戴震的"人之所以异于禽兽者"为性，虽也讲"不学而能"，但主要集中在人与禽兽不同的特点上；三是程朱学派以作为世界本原的"理"为性，即所谓"极本穷源之性"；四是王夫之提出的"性者生之理也"，以人类生活必须遵循的规律为性，这规律既包含道德的准则，也包含物质生活的规律。傅云龙先生把中国哲学史上关于人性问题的界说主要归纳为如下几种：人性是指人的自然属性或者自然资质；人性是指人的自然属性和人的社会属性的统一；人性是指人先天具有的伦理道德观念，即先验道德的人性说；人性是指构成人的形体的物质性的"气"之根本属性或者作用；人性问题属于人的认识范畴，是指人的认识、心理活动或知觉运动的过程；人性是不断变化和发展的，并没有什么固定不可更改的性善说或者性恶说，这就是王夫之从进化论的观点出发而提出的"命日受则性日生"的思想；人性是指人的绝对的自由意志；人性是属于社会存在的范畴。

人是目前世界已知所有事物中最复杂的物质运动系统。马克思说："正像人的本质规定和活动是多种多样的一样，人的现实性也是多种多样的。""人性"作为对客观实在的最复杂的物质运动系统——人的完整的、正确的反映，应该是一个系统概念，它可以包含人的属性、人的特性和人的本质三个层次。人的属性包括组成人的一切要素，是最广泛、最基础层次的人性；人的特性是人的属性中有别于动物的独特特征，如劳动实践、语言、思维、德行等社会属性，是人性的中间层次，是作为现实的、社会的人才具有的特殊的人性；人的本质就是人的社会实践，是人性的内核，是人性的最高层次，人的其他各种特性都是人的本质的展开和表现。

人性是与动物相比较而言唯人所独有的属性。人性不是抽象的、单一的，而是具体的、多方面的。人性作为一个系统范畴，一般意义上常常分为自然属性、社会属性和意识属性。

人的自然属性是人作为人而存在的物质条件性，包括生理要素和心理要素，是人性结构中最基础性的因素。恩格斯曾说过："人来源于动物界这一事实已经决定人永远不能完全摆脱兽性，所以问题永远只能在于摆脱得多些或少些，在于兽性或人性的程度上的差异。"人的自然属性表明人来自自然，不管人的社会文化本质如何，归根结底仍然是自然的、肉体的、感性的、对象性的存在物，和动植物一样，是受制约的和受限制的存在物。人作为生命的实体，必须遵循生命运动的基本规律，在自然界中展开自己的肉体和精神活动，与人之外的外部自然界进行物质、能量、信息的交换，以此获得作为其存在所必需的基本生活资料。

人的社会属性是人性的核心要素，包括物质性要素和精神性要素。人的社会性表现为人类共生关系中的相互依存性、人际关系中的相互交往性和伦理关系中的道德性。这说明人不仅是自然界长期发展的产物，而且是社会的产物，人不仅离不开自然界，而且离不开社会。"任何个人都是社会的人，无论是生活还是生产，以及从事其他各种实践活动，都不可能完全脱离社会和群体而单人孤立地进行。"说明社会属性是人的最重要的本质性特征。

人还是有主体自觉性的社会存在物，"人的类特性就是自由的自觉的活动""人是有意识的类存在物，……一个种的整体特性、种的类特性就在于生命活动的性质，而自由的有意识的活动恰恰就是人的类特性"。马克思说："蜘蛛的活动与织工的活动相似，蜜蜂建造蜂房的本领使人间的许多建筑师感到惭愧。但是，最蹩脚的建筑师从一开始就比最灵巧的蜜蜂高明的地方，是他在用蜂蜡建造蜂房前，已经在自己的头脑中把它建成了。"

人性与人的本质原理是马克思主义哲学的基础，更是管理理论体系建构的逻辑起点和管理实践活动展开的前提。研究人性，必须把握人性范畴中最核心的问题——人的本质。人的本质是由人的具体的社会实践和具体的社会关系总和所决定的。恩格斯提出："人同其他动物的最后的本质区别是劳动。"这从人与动物相区别的角度揭示了人的一般本质或类本质，高度概括了人类区别于动物的根本特征，深刻揭示了人类所独具的特殊矛盾和唯人所具有的类特性——劳动。其既包含了人与自然界的关系，又包含了人与人的关系，这两对关系就构成了人类独有的生产力和生产关系的矛盾。马克思提出："人的本质并不是单个人所固有的抽象物，实际上，它是一切社会关系的总和。"这从人与人相区别的角度揭示了人的个别本质或特殊本质，深刻指出了各个时代、同一时代、同一社会形态中各种人相互区别的根本原因。任何现实的人都既具有与动物相区别的根本特征，又具有与他人相区别的根本特征，所以人的本质也是一般本质和个别本质两方面的统一，即人的本质是劳动，是一切社会关系的总和。

总之，人性和人的本质是两个既密切联系又有所区别的范畴，人性是人的本质的外部表现，是主体与客体、主体与主体相联系时表现出来的各种属性。它从不同层面表现、揭示了人的本质，而人的本质是人性的根据、基础，决定着人的各种属性。人的属性归根结底依赖于人的本质，但又反作用于人的本质，对人的本质的发展起促进或阻碍作用。

二、管理人类的"种的类特性"

管理，作为人类特有的自主性活动，是伴随人类的发展和社会的文明进步而不断发展演变的。早在原始社会，原始人为弥补个体自卫能力的不足而以群的联合力量和集体行动来适应外部的恶劣环境，在早期的活动中就已出现了组织和管理，组成了部落等。原始人在采摘、捕猎等群体性活动中已开始意识到，在有多人共同劳动的情况下，成员之间需要信息传递和反馈，需要统一的指挥和协调，即需要管理。正是通过最简单、最原始状态下的自我组织和自我管理，人类开始了征服自然的劳动，使人从"最初动物式的本能劳动"过渡到"专属人的劳动"。因此，才有了马克思"劳动创造了人，创造了人类历史社会"的科学论断。同时，人类形成这一科学推论意味着"劳动创造了管理"，又因为"劳动是人类特有的实践活动"，所以管理也同劳动一样,是人的"能动的、类的生活",是"种的类特性"。

人与其他自然物的本质区别不在于人的生物本能,而在于人能够通过管理"种的类特性",使人类的生产生活成为自由、自觉的实践活动。人们用于生产必需的生活资料的方式,首先取决于他们得到的现成的和需要再生产的生活资料本身的特性。这种生产方式不应当从个人存在的生活方面来考察,它在更大程度上是这些个人的一定的活动方式。这些个人怎样表现自己的生活,他们自己也就怎样。因此,他们是什么样的,同他们的生产是一致的——既和他们生产什么一致,又和他们怎样生产一致。每个具体的个人作为人类活动的参与者,其"生产活动方式"本身就是其"生命活动的方式",且每个具体个人的生产活动从一开始就存在某种"共同活动方式"。这种"共同活动方式"就是人类的"管理",管理"这种规则和秩序,正好是一种生产方式的社会固定的形式,因而是它相对地摆脱了单纯偶然性和单纯任意性的形式"。

管理是人类"生产方式的社会固定形式"的精辟论断可从以下几方面理解。

其一,管理是人类的一种目的性活动。人作为一个有生命的自然存在物,除具有先天遗传所获得的求生存、求安全的生物本能之外,作为与其他自然物的本质区别,人还有主体意识支配的目的性活动——管理活动。所以,管理活动是人类的一种目的性活动,目的性是管理的第一重本质属性。判断人类某种活动是否属于管理活动或有无管理属性,首先要看活动本身有无自觉的意识和明确的目的。

其二,管理是人类实现目的的对象化活动,是主观见之于客观的实践活动。人类的活动既有由外到内、由客观到主观的主体对客体的反映活动——客观见之于主观的认识活动,又有从内到外的,将主体自身的需要、意志和追求等变为实现主体对客体的能动改造活动——主观见之于客观的实践活动。显然,人类的这两种活动只是指向相反,但都有明确的目的性和计划性。管理活动作为主观见之于客观的人类对象化活动,黑格尔认为是绝对理念的对象化过程,马克思则认为是人类实现自由的自觉本质的实践活动。无论是管理实践中的决策、计划等思维活动,还是组织、指挥、协调、控制等管理过程,都是人类为实现某种特定目的而展开的对象化活动。

其三，管理是人类的一种自觉的组织活动。人类不像其他自然系统那样由物理的、化学的、生物的各种组织机制来发挥组织功能，其具有自身特有的组织机制——管理，它按照自觉的目的和复杂的方式将人类社会高度组织起来。所以，管理活动不仅以其明确自觉的目的性与动物的本能活动区别开来，还以其自觉的组织性与自然系统自发的组织性区别开来，即自然系统无须管理便能自成系统，而人类社会及其组织离开了管理就不可能产生。

其四，管理是人类的一种特殊的实践活动。从时间上说，管理是伴随着人类社会而产生和发展的。没有管理，就不会出现人类有组织的生产劳动，也就没有秩序、规范、伦理和禁忌等，更不会有后来的文明与发展。从空间上说，管理活动渗透于人类所有生产性活动中，而且管理一定是以某一具体的、特定的活动为"载体"，指向某一特定的精神性活动或物质性活动。

考察人类社会演进的过程，我们可以清楚地看到，人类正是运用自己的类特性——管理，在实践活动中构建出不同于"自然序"的新的有序性活动，使管理成为人类体现自身本质力量、追求满足自身需要的动力系统和控制系统，使人类的实践活动最终能够"合理调节他们和自然之间的物质交换，把它置于他们的共同控制之下，而不让它作为盲目的力量来统治自己，靠消耗最小的力量，在最无愧于和最适合于他们的人类本性的条件下来进行这种物质交换"。所以，人类发展的历史既是一部文明史、生产史，也是一部管理史。在任何关于"人是什么"和"社会是什么"的回答中，一定暗含着管理的问题。管理的本质属性表明，管理作为一种"生产方式的社会固定的形式"，是以人同外部世界的对象性关系为基础的，是人类的"种的类特性"。

三、人性假设管理理论的"硬核"

著名科学哲学家伊姆雷·拉卡托斯认为，科学研究纲领是一组具有严密的内在结构的科学理论系统，这一科学理论系统是一个有机联系的整体，它构成一个连续性的纲领。科学研究纲领由两部分组成："硬核"和

"保护带"。中心是"硬核"，周围是"保护带"。所谓"硬核"，就是这个科学研究纲领的核心部分或本质特征，它决定着研究纲领发展的方向；而"保护带"是许多辅助性假设，它保卫"硬核"并竭尽所能不让"硬核"遭受经验事实的反驳。同时，拉卡托斯指出，科学研究纲领还有两种方法论上的规定：反面启示法和正面启示法。反面启示法是一种反面的禁止性规定，它本质上是一种禁令，禁止科学家把反驳的矛头指向"硬核"，而要求科学家竭尽全力把它们从"硬核"转向"保护带"，并以修改、调整"保护带"的办法保护"硬核"，免使它遭到经验的反驳。正面启示法是一种积极的鼓励性规则，它提供并鼓励科学家通过增加、精简、修改或完善辅助性假设，以发展整个科学研究纲领。如果说科学研究纲领的"硬核"是基础理论，那么"保护带"的辅助性假设则是它的具体理论。科学研究纲领的辅助性假设构成一个完整的理论系统或理论链条，每个后继的具体理论都更充分地表达"硬核"，更好地保护"硬核"。反过来，科学研究纲领又可以促进更复杂、更完善的具体理论的发展。

人性问题是人文社会科学的生长点，所有人类自觉的认识与实践活动中，都包含着对人、人的本质属性的理解和诠释。人们总是"希望通过对'人是什么'——人性、人的本质的解剖，通过对人的理解，来寻求一种核心的价值观念，并通过这种核心价值观念的确立，为实践活动确定合理的方式"。英国哲学家休谟曾指出："一切科学对于人性总是或多或少地有些关系，任何学科不论似乎与人性离得多远，它们总是会通过这样或那样的途径回到人性……因此，任何重要问题的解决关键，无不包括在关于人的科学中间，在我们没有熟悉这门科学之前，任何问题都不能得到确实的解决。"正如美国管理哲学家道格拉斯·麦格雷戈所言："在每一个管理决策或每一项管理措施的背后，都必须有某些关于人性本质及人性行为的假定。"意大利哲学家马基雅弗利根据"人是卑劣的"人性预设，设计了"权术"管理模式；英国哲学家霍布斯则认为"人像狼一样，都是彼此相争的"，所以建构了一套弱肉强食、适者生存的管理结构。就连马克思在《资本论》中分析价值规律、资本积累规律、货币流动规律、平均利润下降规律等，都是建立在"经济人"假设的基础上的。所以，主观见之于客观的、人类实现目的的对象化活动——管理，以及对这一活动经验的升华——管理思想的形成和管理理论的建构，都是建立在人性假设的基础之上。

管理是人类的类特性。管理是以人为主体、依靠人而进行、为满足人的需要而开展的实践活动。人在管理系统中既是管理主体，也是管理客体，管理系统中的其他要素必须通过人的要素才能参与其中并发挥作用。作为人对人的活动，管理者和被管理者之间是双向互动的，采取什么样的管理方法、为什么要实施这样的管理措施、怎样才能实现管理效益的最大化等，所有管理问题的解决都离不开对人的本质特性、人的心理、人性需求和行为模式的认识与理解。由此看来，人性假设构成了管理的理论前提，在一定程度上，人性假设预制、作用于管理思想和管理模式，"人"的问题尤其是"人性"问题是所有管理理论体系和管理思想在哲学与文化观念层面上最核心的基础理论，人性观既是管理实践活动的内在理念，更是管理思想演进和管理理论建设的"硬核"。

第三节　高校教育管理权与学生权利

一、高校教育管理权的概念与内容

(一)高校教育管理权的概念

管理，亦称为行政，是指社会组织对其成员的活动进行有效的组织、协调，以保证该组织正常、有序、高效运转。高校为了实现高等教育这个根本任务，一方面要对在校接受高等教育的学生进行组织协调，另一方面要对高校教职员工等进行管理。

高校教育管理权就是高校在其日常管理中依法所享有的组织、协调的权力。由于我国的法律通过授权的方式赋予高校行使教育管理权，所以高校管理权具有强制性、支配性等特点，它区别于一般学校管理权，也区别于行政管理权。

(二)高校教育管理权的内容

从我国法律法规中总结出的高校教育管理权主要有如下内容。

1.学籍管理

学籍原指登记学生姓名的花名册，但在现代教育管理理念中一般是指学生与学校的隶属关系及学生在校学习的资格条件。学籍是学生与学校在校期间关系的记载，这种记载具有内部性，一般不对外发生效力。

2.教学管理

高校的首要任务就是对学生进行教育教学，因此，高校一般都会根据不同学科、不同专业制定不同的教学计划和教学大纲。当然，在具体教学方案上，只要不违背法律强制性规定，高校可以自行制定。

3.秩序管理

高校规模庞大、人数众多，因此，必须制定相应的校纪校规才能保证校园生活和教学依序进行。学生在校学习生活期间，必须遵守高校制定的校纪校规，如果违反则会受到相应的惩罚。当然，高校因地制宜制定校纪校规的前提应是不违反国家相应的法律法规。

4.学位授予

高校在学生完成各科学业且经考核合格后向学生授予学位，这是其行使教育管理权的一项重要内容。相关法律法规对此也进行了明确的规定。

二、学生权利的概念与内容

(一)学生权利的概念

学生权利就是学生在接受教育的过程中依法享有的，并为法律所认可和保护的，不可剥夺的利益。要减少高校与学生之间的冲突，高校在管理过程中就应当对学生权利予以尊重。

(二)学生权利的内容

任何社会主体所享有的权利都是法律赋予的，高校学生亦不例外。根据相关法律规定，我国高校学生在校期间普遍享有实体和程序方面的权利。

1.实体权利

高校学生在接受教育的过程中享有的实体权利主要包括以下四个

方面。

第一，受教育平等权。每个学生都有依法接受教育的平等权利，高校不得歧视对待。在录取方面，高校必须同等录取，在学校接受的教育方式必须同等，在对学生进行评价时，其评价的标准也应当同等。

第二，知情权。在接受教育的过程中，学生虽然是被教育的对象，但对高校制定的有关学生切身利益的校纪校规，学生都享有知情权，高校不得对其隐瞒。

第三，参与管理权。《普通高等学校学生管理规定》指出："学校应当建立和完善学生参与管理的组织形式，支持和保障学生依法、依章程参与学校管理。"可见，学生参与学校管理是有明文规定的，高校应当为学生参与管理创造相应的条件。

第四，获得公正评价权。根据《普通高等学校学生管理规定》第六条第四款，学生"在思想品德、学业成绩等方面获得科学、公正评价，完成学校规定学业后获得相应的学历证书、学位证书"。据此，学校对学生德、智、体方面的评价必须以此为依据，公正评价，不能歧视对待。

2.程序权利

学生在接受高等教育的过程中所享有的程序方面的权利主要包括以下两个方面。

第一，申诉、申辩、诉讼、复议权。《普通高等学校学生管理规定》明确规定，对高校侵犯学生合法权利的行为，学生有权向有关部门进行申诉、申辩，在申诉、申辩得不到救济时，有权向法院提起诉讼，或者不经申诉、申辩直接向法院起诉。此外，高校在行使教育管理权的过程中所实施的行为大都比较具体，而法律又明确赋予了高校一定的行政权力，因此，对高校侵犯学生合法权益的行为，学生还享有参照《中华人民共和国行政复议法》申请复议的权利。

第二，被告知权、被送达权。《普通高等学校学生管理规定》指出，对学生做出处罚规定，特别是影响学生前途的处罚决定，如退学、开除学籍等，应当书面告知学生本人，学生依法享有被告知、被送达的权利。

三、高校教育管理权与高校学生权利协调的构建

(一)高校学生权利保障应当遵循的原则

1. 尊重学生权利的原则

尊重学生权利的原则强调学生的个体性地位,注重对学生的权利保障。当然,这也是现代社会法治和文明的一个重要标志。

尊重学生权利的原则就是希望高校在行使教育管理权的过程中能够尊重学生的权利。

第一,在校规制定方面,高校应当在权利本位原则的指导下,以尊重学生权利为出发点,制定出具体的日常管理制度,从制度上对学生权利予以尊重和保护。

第二,在日常管理方面,高校管理者应当依据教育法律法规及校内规范依法对学生实施管理,以尊重学生权利。

第三,在学生权利救济方面,高校应当依据教育法律法规及校内规范对学生受到损害的权利予以救济。

2. 法律优先的原则

法律优先的原则是指高校管理者只能在法律法规规定的范围内行使管理权。法律赋予高校一定的行政权力,高校可在法律授权的范围内根据自身条件制定校纪校规,对学生进行有序管理,保证高校的教育教学活动能够顺利进行。但目前有很多高校在行使教育管理权的过程中超越法律授权的范围实施管理,有的甚至与法律相抵触,这不仅侵犯了学生的合法权利,也有损高校形象。因此,高校在行使法律赋予的行政权力的过程中应当遵循法律优先的原则,这既是维护法律尊严,也是保护学生合法权利的有效途径。

3. 正当程序的原则

正当程序的原则是指行政主体在实施行政行为时,应当遵照法律规定的程序进行,以保护相对人的合法权益。高校在行使教育管理权的过程中应当遵循的程序包括告知程序、送达程序、申辩程序、救济程序等。高校在日常管理活动中应当贯彻正当程序原则,在对学生进行处分时应告知学

生，耐心听取学生的申辩，并保证学生依法获得救济的权利。此外，正当程序的原则还要求"一个人不能做自己案件中的法官"，如学生在进行毕业论文答辩时，质疑某个答辩委员的公正性，可以要求该委员进行说明。

正当程序的原则不仅能保护学生权利，也是完善高校教育管理的一种有效途径，高校在实施管理时应当遵循正当程序的原则。

4. 比例原则

比例原则原本是行政法的概念。比例原则是指行政主体在行政行为可能对相对人权益造成影响时，将对相对人权益的不利影响控制在最小的范围内，使之处于适度的比例。在高校管理中，我们也可以借用这个原则。管理者在行使管理权时要考虑把对学生的影响控制在最小范围内。高校在行使教育管理权的过程中对学生实施的处分也应当遵循比例原则。

(二)改变高校教育管理模式

1. 转变管理本位为学生本位

随着我国高校体制改革的不断推进，高校的行政主体的功能不断弱化，其本质上更多的是以培养人才为己任，管理手段也相应地区别于一般的行政机关。高校应该将学生作为相对管理方。高校学生由于其特有的阶段性和群体性，在心理上表现出人格塑造成型期和价值观念成型期。这就要求高校管理不仅注重知识传授，也注重人格塑造和价值观念的培养。高校管理者要更多尊重、启发、引导学生，循循善诱，避免用粗暴、简单的方式来管理。切实将过去一味地管理、治理学生转变为为学生服务、以学生为本的教育理念，关心和尊重学生，更多地去行政化色彩，坚持服务型高校理念。

2. 提高高校教职工的法治观念

提高我国教育工作者的法治观念与意识，一直是社会各阶层的强烈意愿。然而，一旦落实到高校的教育，直面管理权和学生权利的冲突时，高校管理层表现得更多的还是沿用过去的行政化管理理念，强化了权力意识。实现真正的依法治校要走的路还很漫长。我们首先要在观念上转变，树立法治观念，依法治校。

高校管理者需要提高自身法律素质，真正实现依法治校。我国的高校管理层多由一些业务能力强、专业素质好的专家、学者组成，他们在自己的学术领域有着独到的见解和精深的造诣，但是作为管理者，其法治的意识并不一定强。高校管理者要打破陈规，努力转变观念，通过实践和创新来实现高校管理的法治化。在提高管理层法治意识的同时，我们也要注重提高高校教职工的法律素质，可以通过法制培训、交流经验、举办法律讲座等方式来提高他们的法治意识。教职工直接面对学生，除了传授学生知识外，也要对学生进行教育管理。保障学生的权益、树立学生的维权意识、提高学生的法律素养是每一名教职工的工作职责。教职工要依法履行职责，维护学生权益，做到依法治教、依法管理。

（三）完善学生参与制度

在美国，学生可以参与学校校规制定以及涉及学生利益的事项，高校通过发表声明的形式来确保学生参与和学生享有参与权，这是为了保障学生成员权和参与权而发表的联合声明。在我国也有类似的保障学生成员权和参与权的法律条款。我国的相关法律也在一定程度上保障了学生的参与权。例如，新修订的《中华人民共和国高等教育法》中就加入了学生参与权的表述，但是比较抽象。其他的法律也应该就学生参与的事项、方式做出规定。

1. 学生有权参与校规制定

法律的条款相对比较概括，具体落实和可操作性的条款则应该是高校制定的学校规章制度，在高校校规中体现学校成员的权利在许多高校也有规定，但是许多高校只是规定了学生的建议权，对于事关学生利益的制度却多是回避，学生没能真正拥有对切身利益事项的决策权。在国外一些发达国家，高校建立了一种由学校校长和校务委员会共同决策、共同管理的新模式，学生通过选举学生代表的方式参与校务委员会，学生代表享有制定学校规章制度等重大事项的决策权。也有许多高校对于制定学校规章这一事项做出特别规定，如在制定学校规章时要求各个利益体选出代表协商，以求得利益均衡，这也在一定程度上反映出对学生参与权的尊重和体现。学生代表通过发表意见参与表决，使学生群体的正当利益得到充分体现。

2.学生有权参与处分决定

学生参与处分决定也是学生参与权的重要体现。我国高校在学生处分制度中依旧保持比较浓重的行政色彩，高校管理层对处分决定起到绝对作用，学生一般处于被管理的隶属关系下，学生的参与权在处分决定上表现微弱，甚至连申诉的权利都没有。这与国外的同行评议原则相差甚远。国外的许多高校都设有学生处分纪律委员会。学生处分纪律委员会中，学生代表不仅占较大比例，而且有同等表决权。法国在学生处分参与权方面制度比较健全，不仅在学校设立纪律处分委员会，使学生代表可以参与针对学生的处分决定，而且国家高等教育和研究委员会也包括学生代表，该委员会负责对学生的处分进行复议，在程序设置上增加复议机关，使得制度更加完善。我国台湾的高校也有类似的专门委员会，只不过台湾高校的专门委员会还增加了奖励的部分。同样，这类专门委员会也有学生代表的名额，充分体现了学校对学生参与权的尊重。

(四)逐步完善教育立法

现阶段，我国社会主义法制体系基本建成。但是，我国的教育立法存在许多不足之处。我国教育立法受重视程度不够，在技术上缺乏系统性，内容滞后。根据我国教育法律法规的立法现状，应当从以下几个方面完善我国的教育立法。

(1)由于我国目前的教育立法尚未建立完善的体系，因此，完善教育立法应当满足协调性、衔接性的要求，既要确保教育法规之间的协调性、衔接性，也要确保教育法规与整个法律体系的协调性、衔接性。因此，对那些已经与现实生活严重脱节或者与新的法律法规发生冲突的旧法，应当坚决予以废止。

(2)完善教育立法，还应当对现有的教育法律法规的层级结构进行梳理。目前，我国教育法律法规主要包括三个层级：第一层级，法律，如《中华人民共和国教育法》；第二层级，教育行政法规，如《普通高等学校设置暂行条例》等；第三层级，地方性教育法规、自治条例、单行条例和规章，如《普通高等学校学生管理规定》《普通高等教育学历证书管理暂行规定》等。教育法律法规的不同层级具有不同的法律效力，因此，应当对教育法律法规之间的层级结构进行梳理，以明确各层级的效力，当下层级的法律与上层级的法律发生冲突时，下层级的法律无效。

（3）完善教育立法，应在现有教育法律法规的基础上查漏补缺，把近些年高校与学生之间出现的重要法律问题纳入法制规范，并对现有的比较原则的法律法规出台比较详尽的子法，以便于实际操作。同时，高校的法律地位、性质及其与学生之间的关系，也应在立法中进行明确规定，这既有利于规范高校管理，也有利于学生在权利受到损害时更好地维权。

（4）要完善我国的教育立法，还必须从可操作性层面入手。现行教育法律法规，尤其是有关高校教育管理权的规定比较笼统，因此应对我国现有的教育法律法规进行检视，尽量对模糊的规定予以细化，加强其在现实生活中的可操作性，这既是对高校教育管理权的监督，也能促使高校教育管理更加规范。

（五）疏通救济渠道

1.完善教育系统内部的申诉制度

为了完善教育系统内部的申诉制度，《普通高等学校学生管理规定》要求各高校成立学生申诉机构——学生申诉处理委员会，并制定相关规范，以便学生申诉处理委员会顺利开展工作。但我国对学生申诉处理委员会的工作程序尚欠缺规定，其组成人员中高校教师、学生代表的人数，投票权处理，是否进行公开听证，以及申诉处理期限等问题都还需要具体明确。因此，为了更加完善学生申诉制度，使高校与学生之间的纠纷在教育系统内部得到妥善解决，我国应在相关法律法规中对学生申诉制度进行系统规定，让学生的申诉有法可依。

此外，我国应在相关法律法规中健全申诉程序。在现代法治社会，程序不仅是现代法治理念的核心，更是法治的保障。因此，要健全学生申诉制度，其程序建设方面的细节问题不容小觑，如规定学生申诉处理委员会应当充分听取学生或者其代理人的陈述和申辩，学校对学生申诉应当出具申诉决定书，送交其本人或其代理人，申诉决定书应包括处分的事实和理由，真正做到程序正当、证据充分、依据明确、定性准确、处分恰当，保障学生的申诉权利。

2. 扩大行政复议范围

行政复议的目的是纠正行政主体做出的违法或不当的具体行政行为，以保护行政相对人的合法权益。如果高校针对学生的违法违纪行为做出的处分决定侵犯了学生的合法权利，学生可以在法律规定的期限内向上一级教育行政主管部门申请行政复议。

行政复议能在教育系统内部解决高校与学生之间的纠纷，既能节约国家的诉讼成本，又能简化纠纷解决程序，是减少高校与学生之间纠纷的有效途径。我国高校虽然不是一个行政机关，但其行使了一定的行政职权，因此，《中华人民共和国行政复议法》也应对教育系统的行政复议制度做出相应的规定。

3. 建立教育仲裁制度

建立教育仲裁制度，由教育仲裁委员会对教育纠纷进行裁决，可以弥补现行法律救济制度的缺陷，维护学生的合法权益。当高校教育管理权与学生权利发生冲突时，学生可以申请由教育仲裁委员会对纠纷依法进行仲裁。

目前，我国的教育仲裁兼具行政性和司法性。一方面，教育仲裁委员会具有官方属性，履行行政职能，可以说教育仲裁具有行政性；另一方面，教育仲裁委员会对教育纠纷又具有一定的裁决权，裁决结果对双方当事人都具有法律效力，因而教育仲裁又具有司法性。学生未能在教育系统内部通过申诉解决纠纷，又不愿意诉诸法院时，就可以申请教育仲裁委员会进行仲裁。虽然仲裁实行的是一次裁决制，但学生对仲裁结果不满意时，仍然可以向法院提起诉讼。

要建立完善的教育仲裁制度，教育仲裁委员会的组成是很关键的一个环节，要体现其公正性和专业性，因此，仲裁员应包括各个部门具有专业背景的人。教育仲裁委员会受理的案件范围应具体且广泛，只要涉及高校与学生之间的纠纷，就可以纳入仲裁的范围。

4. 健全教育司法救济制度

高校对学生违法违纪所采取的开除学籍、勒令退学等改变学生身份的处分，"使学生痛失了学历文凭，痛失了优越的就业条件和收入的机会"，影响着学生一生的命运。

作为高校教育管理的对象，学生显然处于弱势地位，因此，教育立法必须充分考虑高校学生的这种劣势地位，赋予其权利受到损害后充分的救济手段。

高校与学生之间的纠纷不同于民事、刑事纠纷，有其自身的特殊性，因此，在教育纠纷出现之后，学生应充分行使申诉的权利，若申诉得不到满足，可再提起教育行政司法救济。至于司法如何介入教育纠纷，笔者认为，由于教育管理的特殊性及繁杂性，且高校拥有一定的学术自主权，因此法院在处理教育纠纷时所遵循的基本应原则是："法院审的就是法律规定、法律程序。法院判决不能涉及学术领域，学者有自己的自由。"只要是法律中有明文规定的，法院就可以对其进行审查。

此外，法院对教育纠纷的审查应该只限于程序性审查，这样既能保证高校的学术自由，又不至于将高校的非法行为排除在法治之外。

第四节　高校教育管理干部素质发展策略

一、高校教育管理干部素质发展的内涵和作用

（一）高校教育管理干部素质发展的内涵

1.素质概念的界定及其基本特征

经过多年的理论探讨和实践，目前大多数学者倾向于把素质界定为人在先天生理基础上，受后天环境和教育的影响，通过自我修养和社会实践所形成的相对稳定的内在品质和素养，是主体从事实践活动和认识活动的各种内部条件的总和。一般来说，素质应具有以下基本特征。

第一，内在性和理性的统一。素质是知识积淀、内化和升华的结果，知识是素质形成或提高的基础，所以它也具有理性的特征，并通过人的言行等外在形态来体现。

第二，相对稳定性和发展变化性的统一。构成素质的元素和结构一旦形成，会在相当长的时间内处于自我强化的状态，并持续地发挥作用，并

相对持久地影响和左右着人对待外界与自身的态度。素质同时会在外界环境的影响和冲击下发生变化，有时可能是量的积累，有时可能是质的飞跃，因此，素质是相对稳定性和发展变化性的有机统一。承认素质是源于先天的，是教化和人的社会实践的结果，是可以培养、造就和发展的，也就有了素质发展研究的前提条件。

2. 高校教育管理干部素质的内涵

高校教育管理干部的素质是指高校教育管理干部把从外部获得的知识、技能内化并升华为从事大学生教育必须具备的各方面内在品质和条件的总和。著名的发展学家西纳索说过，发展是指发展的活动过程，又意味着结果的状态。所谓发展，是指事物由小到大、由简到繁、由低级到高级、由旧质到新质的运动变化过程，事物的发展是事物内部矛盾运动的结果，是量变与质变的统一。作为哲学概念的"发展"，在中国古代是兴起、兴旺的意思，在西方则是成长的意思。其实"发展"一词本身随着社会的发展也在不断地丰富其内涵。在当代社会，发展已经成为一种普遍性的追求，是一种现代价值取向，也是一种不断的超越。高校教育管理干部素质发展是指在原有素质的基础上，通过教育与环境等外界影响和自我修养，在大学教育实践中形成的内在品质提高的活动与状态。它在大学教育中可以产生较大的教育价值，是一个连续性的、动态变化的，并将贯穿于自己整个职业生涯的过程。

(二)高校教育管理干部素质发展的作用

1. 确保党的路线、方针、政策全面正确地贯彻执行

政治路线确定以后，干部就是决定的因素。现在，我国正处于社会主义现代化建设的关键时期，我们党提出并确立了"一个中心，两个基本点"的基本路线，要坚持"基本路线一百年不动摇"并实现根据这条路线提出的奋斗目标，就要有一支能坚定不移地、创造性地、全面正确地贯彻执行这条路线的，具有良好素质的领导和管理者队伍。在高校，要确保党的教育路线、方针、政策全面正确地贯彻执行，就必须依靠高素质的教育管理干部队伍，否则党的基本路线就不能得到全面正确地贯彻执行，建设中国特色社会主义的伟大事业和实现中华民族的伟大复兴就会成为空中楼阁。

2. 确保中国特色社会主义事业后继有人

随着改革开放的不断深入，特别是对外交流的不断扩大，西方的文化价值观念不断地进入高校校园，对传统的大学教育产生了极大的冲击。面对这种形势，必须坚定社会主义高等教育的办学方向和培养目标。同时，我们正处在领导和管理队伍新老交替的历史关键时期，在大批老同志退下来之后，顶替上来的年轻同志能否把中国特色社会主义事业继承和发展下去，他们的素质极为重要。高校是社会主义事业人才的培养摇篮，也是我们同西方国家在思想、文化领域争夺的重点。因此，提高高校教育管理干部的综合素质，有利于他们顺利地接好班，确保他们在日益复杂的政治斗争中不迷失方向，始终坚持走中国特色社会主义道路，担负起科教兴国、人才强国发展战略的历史使命，确保中国特色社会主义事业后继有人，实现中华民族的伟大复兴。

3. 确保大学生思想政治教育落到实处

新时代经济全球化逐步加快，信息网络化逐步形成，社会主义市场经济体制逐步确立与完善，高等教育教学改革逐步深化，这些都使得高校教育面临着前所未有的机遇与严峻挑战。现在的大学生处在一个多元化的社会，他们本身也日趋多样化，在文化素质、品德素质、心理素质、智力素质和经济状况上的差距越来越大。除了在学习上需要帮助和指导外，适应大学生活，开展人际交往，处理个人与集体、社会的关系，也需要高校教育管理干部对大学生进行正确的教育和引导。

高素质的教育管理干部只有了解现代大学生面临的问题，才能有针对性地做好工作，成为大学生健康成长的指导者和引路人。高素质的教育管理干部队伍要对大学生进行思想政治教育，促进大学生思想政治品德、科学精神、创新意识和实践能力的形成与发展。只有高素质的教育管理干部队伍才能遵循马克思主义认识论，运用马克思主义的立场、原则和方法，不断地结合思想政治教育变化发展的新情况、新问题，科学地总结思想政治教育经验，揭示大学教育规律，探索解决问题的新途径、新方法，促进大学教育活动朝规范化、科学化的方向发展。因此，新时期加强和改进大学生教育的关键就是要不断提高高校教育管理干部的素质，加强高校教育管理干部队伍的建设。实现高校教育管理干部素质发展就是加强和改进大学教育内在的、必然的要求。

二、高校教育管理干部素质发展的组织行为学策略

对于新时代高校教育管理干部素质发展的途径和方法，从客观上讲，需要全党和全社会，尤其是高校教育管理工作主管部门对他们加强管理，进行业务知识的继续教育和培训，加强职业道德教育和师德建设工作，营造积极、宽松的良好环境。从主观上讲，高校教育管理部门应运用组织行为学中的相关理论制定具体措施，促使广大教育管理干部重视自身素质的发展。

（一）坚持德才兼备，突出以德为先

用什么样的人，不用什么样的人，对广大干部和干部队伍建设具有重要的导向作用。只有选准、用好干部，才能凝聚党心、鼓舞人心、推动工作、构建和谐校园。

我们党的干部政策一个很重要的方面是坚持德才兼备、以德为先。体现在高校教育管理干部身上，就是要坚持党的教育方针，坚持社会主义办学方向，讲政治，重品行，具有较高的政治理论素质和理论水平，并且具有良好的作风，真正做到"学高为师，身正为范"。因此，在选拔、培养高校教育管理干部时，一定要不折不扣地贯彻党的干部政策，以此为标尺，配好配强院系、处室领导班子。

树立好的选人用人导向，让好的选人用人导向真正发挥作用，不仅要积极推进选人用人理论创新、实践创新，还要做好制度跟进，用好的制度做保障。当前，树立好的选人用人导向，重要的是如何推进制度创新，以制度创新来破解选人用人难题，确保好的导向真正发挥作用。高校教育管理干部选拔要坚持德才兼备，突出以德为先，需要从以下三个方面做好工作。

一要严把考察关，不断完善干部考察机制。在时间上注重过程性，把干部考察从阶段性考察转变为全程性考察，防止某些干部平时不努力，在选拔任用的关键时候蒙混过关。在主体上注重群众性，把干部考察从以组织部门和领导考察为主转变为以群众评议与公论为主，增强考察的客观

性。在标准上注重以德为先，把干部的考察从重才轻德转变为德才兼备、以德为先。

二要严把民主关，广泛征求干部群众的意见。让更多的人选拔人，把最合适的人选到最合适的位置，是体现选人用人民主、增强选人用人公信度的基本要求和根本途径。通过探索实行群众推荐、任前公示等制度，让被提名的干部首先接受群众评议，过"群众关"，提高干部在群众中的认可度。让干部真正明白一个道理：没有朴朴实实的道德品质，没有实实在在的工作成绩，就很难被人民群众认可，要想在众多干部中脱颖而出，自身素质必须过硬。

三要严把责任关，建立健全责任追究制度。首先，要健全完善选人、用人、失误、失察责任追究制度，实行谁推荐、谁把关、谁负责措施，规范推荐考察，降低人为造成的不客观、偏颇，遏制不正之风，杜绝干部"带病提拔""带病上岗"，一旦推荐对象出现问题，就要严肃追究推荐把关人的失察责任。其次，要全面强化选人用人监督机制，实现阳光选人，选德才兼备的人。最后，要探索建立干部问责机制，在对干部德、能、勤、绩、廉等方面进行定期考察的基础上，突出以德为先，建立德行档案，促进干部老实做人、务实干事、求实奋进。

从以上三个方面做好干部选拔工作，坚决防止和克服重知识素质轻思想品德、重学术造诣轻管理能力、重学历资格轻工作实绩的倾向，把那些真正讲政治、讲正气，善于办学治校的优秀干部选拔上来。同时，要经常性地加强政治理论学习和师德师风教育，筑牢思想道德的防线，不断提高高校教育管理干部的政治思想素质，规范高校教育管理干部的道德品行，使广大高校教育管理干部成为最讲政治、最重品行、最做表率的团体。

(二)建立激励机制，强化责任意识

高校教育管理干部在年龄结构、知识结构、政治信仰等方面存在较大的差异，因而每个人的人生态度、人生目标、责任意识也有较大的不同。高校要充分运用组织行为的激励理论，制定切实有效的措施，激发全体高校教育管理干部的工作热情，促进学校又好又快地发展。

一要根据个性差异制定不同团体的激励措施，如对行政管理干部的措施，对高职称、高学历者的措施，对后勤管理干部的措施，等等。

二要多管齐下，多方并举，把培训、晋升、获奖、福利等措施有机结合起来，实现综合激励成效的最大化。

三要高度重视培养高校教育管理干部的光荣感、成就感，使之自觉地投身工作之中。

四要细化责任，落实到人，使每一位高校教育管理干部恪尽职守、勤勉尽责。

五要开展形式多样的争先创优、评比表彰活动，培养和树立典型，形成良好的导向。

(三) 实行目标管理，完善考核机制

不少人认为，高校教育管理教育工作无法量化，大都是"软指标"，实行目标管理比较困难。这个认识的结果使一些高校工作落实不到位，成效不明显。我们要根据组织行为学的目标管理理论来推行高校教育管理干部目标管理。

一要根据不同的岗位、不同的工作性质制定具体的工作目标。高校党委、行政部门要明确高校教育管理干部的年度工作任务和任期目标，签订目标任务责任书，使教育管理干部的考核主体内容具体化。

二要规范高校教育管理干部的届期制、任期制，实行届中考核和换届考核，完不成工作目标者不予续聘。

三要科学制定考核的方式方法，做到定性与定量相结合、奖惩相结合。

在制订目标管理方案时，我们一定要牢记组织行为学中的"员工卷入方案"，充分听取各方面的意见，使目标管理符合本校实际、符合工作实际，能为广大教育管理干部所接受，使之成为其自觉行动。高校党委、行政部门要明确高校教育管理干部的岗位职责，并把其履行岗位职责的勤勉程度、团结协作的诚信程度、学习进取的精神状态、廉洁自律的情况进行量化、细化，从而使高校教育管理干部的考核内容具体、明确，便于操作。高校要通过严格的考核程序和科学的考核方法，使考核结果客观公正地反映高校教育管理干部的德、能、勤、绩、廉；要充分发挥干部考核工

作的导向、激励和教育的功能，把客观公正的考核结果运用到高校教育管理干部的培养、教育、奖惩和使用中。那种脱离实际、好高骛远的目标管理方案肯定不会收到实实在在的效果。在目标管理过程中，要经常性地检查目标是否符合实际，管理机制是否健全，考核标准是否公平，使目标管理不断完善、发展，以取得良好效果。

（四）健全干部政策，推进绩效管理

多年来，我们在高校教育管理干部的选拔任用、培养教育、提职晋级、交流换岗、辞职退休等方面形成了一套比较完善的政策办法。但这些政策办法有的落后于时代发展，有的缺少具体措施，有的手段单一，需要健全、完善。我们要根据组织行为学中的人力资源政策理论，改善、改进高校干部管理，提高其综合素质。

一要把好准入关，通过多种手段选好人、选准人。

二要利用多元化的培训方式加强干部培训，如政治理论培训、业务技能培训以及举办专门性的学习班、培训班、研讨班，还要选送优秀干部到国内外高校研读进修、挂职锻炼等。

三要特别重视推进绩效管理，搞好高校教育管理干部的绩效评估，把绩效评价与干部奖惩有机结合，使绩效管理真正发挥作用，可从以下几个方面入手。

1.设定易于量化的考核指标

在对干部的考核中，单靠定性考核或定量考核对干部做出考核结果的评价，可能有偏差。应建立科学的绩效考核指标体系和标准，在定性考核的同时，重视定量考核，将两者有机结合起来，综合分析。首先是制定并按照考核标准或体系，广泛地听取群众的意见，通过深入基层调查研究，进行定性分析评价。然后在定性分析的基础上进行综合量化考核，以弥补定性考核误差较大的缺点。实行民主综合测评定量分析，让参加测评的人员按测评标准对被测评的干部以无记名投票的方式进行测评，既可以消除参加考核人员面谈不敢反映真实情况的顾虑，弥补考核工作的失真性，又可以从概率统计角度提高考核工作的科学性。在操作时应将干部的德、能、勤、绩、廉等方面的内容分解成若干子项，如政治素质、思想素质、政策水平、工作能力、管理水平、单位业绩和协作能力等，对每项及总评分为若干个档次进行细化，并按一定的机制进行定量评价转换。

2. 注重考核的过程效应

干部的考核是对干部工作行为和工作过程的检测，可以在明确的岗位职责和任职目标框架内，在追求科学考核结果的前提下，从以下三个环节去精心设计。

第一，干部考核要与部署工作同步。年度或每个阶段部署的工作任务应是对干部进行考核的主要依据，考核指标体系的建立、修正及完善应尽量做到与工作任务的部署同步。

第二，干部考核要与检查工作统一。任何一次大规模或小规模的工作检查，都是对一个单位或某一个岗位干部的考核。其作用主要是通过检查，掌握情况、把握进度、找出问题、发现典型、指导工作。

第三，干部考核要与总结工作同步。总结工作既是上一个考核周期的结束，又是下一个考核周期的开始。通过总结，检查工作任务和目标的完成情况，总结成绩，发现问题并归纳出经验教训，厘清今后的工作思路，确定新的岗位职责和调整任期目标。因此，在年度末或学期末进行的工作总结是对干部进行集中考核的最佳时机，一般是校级领导借此机会听取述职，掌握民意，全面分析，对干部做出科学评价。

3. 根据岗位性质赋予不同的考核内容

从岗位类别看，高校教育管理干部可分为党群管理干部、行政管理干部、技术管理干部等，对不同性质的干部考核要点应有所侧重。

4. 及时反馈考核结果

干部的考核结果将直接关系到干部个人的切身利益和政治前途，为了加强对考核结果的应用，更好地促进干部队伍建设，在操作中不仅要做到及时反馈，以利于干部的成长，还要采取一些保障措施，以增强干部考核工作的实效性。

(五) 实行竞争上岗，促进优胜劣汰

引入竞争机制已成为绝大多数高校加强干部队伍建设的重要举措。在这方面，国家制定了一系列政策规定，各高校也进行了有益的探索和尝试，积累了一些比较成熟的做法和经验。但是从组织行为学的角度来看，我们做得还远远不够。

一是竞争上岗要常态化，不能想起来就组织一次，或者几年才组织一次，不能把竞争上岗变为新任领导的"形象工程"。

二是竞争上岗的职位要进一步放开，过去往往只把副职及一些不是特别重要的岗位拿出来竞争上岗，影响了竞争上岗的整体效果。我们要进一步解放思想，大胆创新，扩大竞争上岗的范围。

三是竞争上岗的办法要进一步细化、量化，特别是要把笔试、演讲答辩、科研成果和学历职称等以不同权重加分，全面衡量每一个竞争者的整体素质，做到优中选优。

竞争是社会永恒的主题，引入竞争机制，促进优胜劣汰，是促进广大高校教育管理干部勤于学习、扎实工作、砥砺品格、提高素质的重要措施，我们要常抓不懈。

(六) 建设校园文化，营造良好氛围

高校是传播知识、培养人才的重要阵地，理应把校园文化建设放到突出位置，切实抓出特色、抓出品牌。

一要根据本校的历史沿革和办学传统概括出自己的校训、校风、校歌，使之成为激励师生的强大动力。

二要根据本校专业设置和学科特色凝练出自身的办学方向、发展目标，使广大师生心向往之，躬身行之。

三要进一步建立健全规章制度，以制度管人、管事、管物，并严格管理，使之成为师生的行为规范。

高校教育管理干部是学校管理的中坚力量，更应该在遵章守纪、扬善抑恶方面做出表率。根据组织行为学的观点，组织的目标、宗旨、价值观、道德标准构成文化软件，规章制度、行为规范是文化硬件，我们要软件硬件都重视、一齐抓，形成良好的管理理念，成为师生员工的共同精神支柱，努力营造高校团结和谐、风清气正的氛围，为教学、科研、管理创造良好的条件。

（七）完善组织体系，不断改革创新

我国现行的高校教育管理干部组织体系大都是计划经济时代沿袭下来的，带有明显的行政化倾向，既不利于高校自身的发展，也不利于高校教育管理干部素质的提高。我国要积极借鉴、吸纳组织行为学的理论，对高校教育管理干部组织体系进行改革创新。

一要摒弃行政化倾向，不要过分地强调高校干部的行政级别、职称，要更多地强调教学、科研、管理水平。

二要根据专业设置科学地设置党群机构、行政机构、教学科研机构、教辅机构。特别要注意支持鼓励学术性研究机构的建设，形成不同的团队组织。

三要鼓励支持高校教育管理干部敢于创新、勇于创新、不断尝试、不怕失败，增强他们的创造、开拓意识。

四要进一步"简政放权"，大力推动校、院、系三级管理体制，给院、系更多的自主权，使教育管理干部有权、有责。

五要在院、系大力推行党政共同负责制，规范院、系工作程序，提高向心力、凝聚力。组织行为学理论对高校教育管理干部的素质发展有许多可取之处，综合运用组织行为学的新思想、新观点，认真探索、研究高校教育管理干部素质发展的策略，并大胆实践、勇于创新，一定能够取得良好效果。

第三章 新时代高校教育管理的现状

第一节 高校教育管理的现状分析

一、当前高校教育管理面临的新形势

加速地对外开放、不可预测的市场生命力、多元化的思潮、炫目迷离的机遇、虚拟无边的网络、虚实错杂的信息……一切都处于高速的发展变化中，时刻冲击着传统的学生管理工作模式。随着世界经济全球化、文化多元化、信息网络化，以及社会组织形式和生活方式的多样化等新形势的出现，高校教育管理面临着新的挑战。

(一)社会发展的新变革

当前，国际国内形势复杂多变，我国也正处在深刻的社会转型之中，发生了深刻的变革，这给高校学生管理工作带来的挑战主要有以下几点。

1. 全球化趋势日益明显

现代科技的进步，尤其是空间信息技术的发展和普及，为全球化提供了超越时空的物质手段。由此世界范围内各种联系不断加强，各民族、国家、地区之间交往的时空限制被极大弱化，全方位沟通、联系已经逐步成为现实，各国家、地区间相互依存，共谋发展，优势互补，极大地推动了人类和社会的全面发展。

然而，全球化是一把双刃剑。在全球化进程中，民族文化、社会思潮相互碰撞，对社会主义中国的文化建设既有积极的借鉴作用，又有不可避免的消极影响。大学生正处于思维活跃、求知意识旺盛的阶段，他们好奇

心强、易于接受新事物但辨别是非的能力不强，容易受不良信息的误导。

2. 中国社会主义市场经济体制日臻完善

中国特色社会主义市场经济体制的建立、发展和完善，使利益关系呈现多元化的趋向，过去许多传统的、相对单一的企业内部组织关系转化为不同主体之间的利益关系，反映到分配方式上，就是技术、知识、管理等生产要素进入分配领域，呈现出利益分配的多种形式。这一切都对人们的思维方式、价值取向、行为习惯、情感模式等产生巨大影响，人们思想活动的独立性、选择性、多变性和差异性日益增强，从而导致人们价值观念的嬗变。这有利于大学生树立自强意识、创新意识、成才意识和立业意识，但同时也带来了一些不容忽视的负面影响。

3. 文化思潮日益多元化

伴随全球化进程的加快，在现实社会中，文化提供给人们的将不再是单纯的色彩、固定的理念，而是丰富多彩的本土文化、外来文化和由多种文化融合而产生的混合文化共存的局面。世界上不同的地域、不同的国家、不同社会制度下的文化相互融合并共处于同一环境，使我国的文化结构呈现出色彩缤纷的多元化趋势。

文化多元化为人们提供了各得其所的选择，人们可以按照不同的文化趣味生活。热情奉献中夹杂着对个人利益的考虑，以身作则中存在着自由主义的倾向，以大局为重的主流下夹杂着个别本位主义思想的表现，都在一定程度上说明了社会上多元文化的并存与杂合。当代大学生作为最敏感的群体，最先感觉和接触多元化文化，这对他们的认识论和价值观起到了潜移默化的作用。

4. 网络化生存方式带来新变革

互联网技术的高速发展，使地球变成了"地球村"，社会的生产、生活都紧密地联系起来，使人们能随时随地获得最新资讯。互联网是人们认识世界的一种新方式，也是人们改变世界的一种新方式。

网络可以使大学生开阔思维，也可以促进大学生观念的实时更新，对大学生的竞争意识和创新意识的激发具有重要作用；大学校园文化的新领域被开辟出来，形成了大学生新的文化范畴和文化精神。例如，BBS 讨论区、网上主题论坛等，都受到了大学生的青睐。高校教育管理者通过这些途径，使教育管理具有互动性和灵活性，从而在某种程度上实现受教育者与教育者的平等对话。但是，网络的虚拟性带来的诸多不良影响也应该引起相关教育者的重视。

5. 教育法制化建设有效推进

随着法治理念的普及和个人权利意识的增强，原有的管理思想、管理模式、管理方法越来越不适应形势的变化和发展，使得高校管理的实践进程不可避免地出现新旧观念的碰撞、价值矛盾和权利的冲突。教育法律体系的进一步完善，是社会主义法制建设的要求，也是教育管理自身的要求。

在法制化建设过程中，不仅高校主体意识觉醒，大学生权利意识也有了很大的提高。他们不再是简单地服从于学校管理，他们的权利诉求不断高涨，他们需要从学校获得更多的自由和保护，而不仅仅是遵循学校的各种规章制度。当某些权利诉求不能获得公正、公平的处理、对待或者学生们认为没有获得应有的对待时，他们开始利用各种方式来维护自己的利益，甚至与母校对簿公堂，高校学生管理工作的权威性面临前所未有的挑战。

(二)高等教育改革的新趋势

1. 高等教育的大众化进程

高等教育大众化使得接受高等教育的人数激增，越来越多的学生有机会接受高等教育，满足了其接受高等教育的要求。但是学生人数的激增，导致高校师资紧张，教学设施短缺，后勤服务以及管理工作跟不上，从而诱发学生与教师，学生与学生，学生与后勤管理、教务管理等部门的矛盾。另外，学生人数的激增也增加了高校学生管理工作的难度。从生源质量来看，相比较精英教育阶段，学生整体素质有所下降，个体差异较大，表现出自律性差、学习不主动等特征。由于学生人数的剧增、素质状况的参差不齐，学生的学习、生活、活动方式，学校的教学组织、宿舍管理等都发生了变化，高校学生管理的载体也相应地发生了新变化。

2. 学分制、弹性学制的施行

学分制是高等教育适应市场经济体制、适应社会需要的教学管理模式。学分制基于个体差异，允许学生从自身的基础、能力、兴趣出发，跨专业、跨学科选课，强调学生个性的培养，拓宽了学生学习的时间和空间，增强了学生自主选择的可能，发挥了学生的自主学习能力，凸显了学生的主体地位。一方面，有利于培养学生自我教育的意识和创新能力；另一方面，也符合时代发展对培养新型人才的要求。

学分制取消了传统的班级单位制，以班(年)级为核心、以"校、系、班"为纵向管理框架的学生管理工作模式的成功经验和做法，正在逐渐丧失优势。在学生自主、自由空间增大的情况下，学生管理工作系统如何建立相应的教育、管理、引导机制，既能保证加强学生的管理，又能促进学生个性的发展，成为当前必须解决的问题。

3.高校后勤社会化改革

高校后勤社会化是高等教育领域的一项重大改革，是高等教育发展的必然要求。后勤社会化提高了学生生活和学习环境的质量，使学生学会面对市场经济进行思考，能近距离地与社会接触，体验到竞争的激烈和残酷。学生通过勤工助学和志愿服务等劳动实践，养成勤劳俭朴、吃苦耐劳的品格，培养自我控制、自我管理和自我服务的能力。

但是，高校后勤社会化改革将学校与社会紧密联系起来，引发了一系列的矛盾。由于学校、后勤服务单位及社会有关方面等主体追求目标不同，不可避免地带来价值取向、管理理念的碰撞，从而削弱了学生管理工作的力度。另外，后勤社会化将管理者与被管理者的关系由原来学校和学生的关系，转为经营者与消费者的契约关系，由于没有形成完善的整体调控制度，出现管理上的空白也不足为奇。

(三)大学生成长的新特点

1.全球化意识和接受外来文化意识增强

随着信息全球化趋势的不断加强，大学生的思想也呈国际化发展的趋势。按照国际通用人才标准，大学生应培养自己参与国际经济文化交流、合作和竞争的素质与能力，提高个人对知识经济的认识，注重对外交流和对国外文化的吸收。

2.思想活跃，求新意识较强

在高科技迅猛发展的今天，青年学生获取信息的重要来源和交流情感的渠道骤然增加，这正在极大地改变着他们的生活方式、学习方式、交往方式、娱乐方式甚至语言习惯，对其思想观念的形成产生重要而深刻的影响。

3.价值观的判断和选择上存在矛盾

在一般情况下，绝大多数学生认同集体主义，反对个人主义；认同奉献精神和社会责任感，认为诚信是一个人最重要的品质之一。但在具体价值选择上，一部分学生更注重自我发展、自我实现，且更多地考虑个人利益和物质追求。

二、系统规划不足

大数据时代，高校管理者也需要提高数据素养和数据能力，这样才能对全校信息化建设具有统一论证及科学规划。国内教育信息化建设前期缺乏统一标准和统一规划，因此管理粗放，资源浪费严重，影响管理决策的准确性和针对性，建立基于教育云的统一教育管理平台是大势所趋。目前，虽然高校也建立了办公自动化（OA）系统、一卡通、教务管理系统、学生管理系统等，但是以业务流为主导，各个系统互不兼容，信息之门闭塞。随着高校办学规模扩大、业务部门增多，学生往往要登录多个管理系统、等待审批。而在线开放课程建设方面，一些高校还在观望或消极等待，有的什么都想干、什么都想抓，优势特色不明显，成果成效不突出。这一切问题的出现，根本原因都是顶层设计不足。因此，高校要加强大数据教育管理发展的统一规划，在高校教育管理系统建设中引入数据流和业务流（工作流）理念，构建基于数据流的工作流信息系统开发模式，使数据在各个管理部门之间畅通流转。

三、缺乏资金保障

资金已经成为我国高校大数据教育管理发展的重要制约因素。高校受经费限制，基本采取自维护的方式，这既解决了部分资金不足问题，又培养了信息化人才。有些高校已经尝试流量区分，对正常的教学科研活动实施免费，以消除负面作用。这种积极尝试，是一个良好的开端。当然，开放办学，大型开放式网络课程(MOOC)应该也是高校增收的另一途径，这一切要求高校必须有长远的眼光和战略的思维。当前，在我国高校大数据教育管理发展初期，有效的融资机制尚未形成之际，政府应担当起重要职能，加强对教育发展的宏观调控，加大对高校大数据教育管理建设的资金投入。高校也可以探索社会建设-经营-转让(BOT)融资模式、公私合作(PPP)融资模式，将大数据教育管理中某些建设的资金和经营压力与社会力量分担，如网络、服务器、云平台及智慧宿舍等一些硬件建设项目，吸引社会企业、非营利机构或营利机构进入共建，到项目特许期或专营期满后，所有权和经营权转移给高校。

四、缺乏法规体系

大数据平台建设及服务将成为未来高校发展的重要课题，随之而来的薄弱环节是维护的问题，而不是建设问题。由于错综复杂的人群及数据应用，高校大数据平台的安全与管理问题日益突出，这给高校带来了巨大的挑战。"成也萧何，败也萧何。"安全问题也是大数据技术发展的最大障碍，建立安全管理体系是建设智慧校园的重要保障。各类安全技术和防护手段，如加密、身份验证、访问控制等，涉及三个方面的内容：实体安全、运行安全和信息安全。实体安全包括环境安全、设备安全等方面；运行安全包括风险估计、备份和恢复等方面；信息安全包括操作系统安全、数据库安全和网络安全等方面。

五、缺乏专业支撑

市场巨大、人才缺乏分别是我国大数据发展面临的最大优势和最大劣势。目前大数据产业发展迅速，无论国内，还是国外，学术界与企业界之间的人才竞争都非常激烈。并且，我国目前还没有建立有利于大数据人才脱颖而出的培养机制。本来我国教育界、科技界的人才就缺乏，而在大数据领域，统计、机械学习等相比而言更弱，所以这个问题需要引起重视。

六、缺乏协同创新

我国数据中心重复建设现象严重，包括高校数据中心，是普遍存在的问题。各系统的不同步对各种数据的精确统计会造成很大麻烦，教务系统有一个学生人数，就业部门也有一个学生人数，奖学金评定部门还有一个学生人数，各种数据之间未形成关联和同步更新。最后，各部门、各单位、各院系建设的后台数据库，一旦发生数据变化，就可能造成旧数据的缺失，建立一个流程化、可管理、可伸缩、可靠、安全、成本低、绿色节能的云化数据中心势在必行。

七、缺乏深度合作

当前高校大数据教育管理发展还存在校企深度合作不足的问题，大数据应用产品缺乏，活跃的企业不多。另外，成熟的教育软件不多，校企合力不足。目前我国高校信息技术软件应用系统建设模式主要有：购买成套产品、学校主导与开发商合作共同研发；用外包系统，很多订制；用外包系统，很少订制。其中，购买成套产品占大多数。我国高校教育管理软件不够成熟，由于企业擅长技术而短于业务，而高校擅长业务却短于技术，二者研发合力不强。因此，在系统实施过程中，技术企业要根据高校具体业务要求进行开发，针对教育软件用户在教育实践中的痛点，研究亟须改革和解决的问题根源。当然，更提倡高校相关专业教师发挥熟悉业务、了解实践需求的优势，自主开发研究系统。最后，我国还存在优秀智慧教育方案推广不足的问题。相比国际发达国家智慧教育，我国智慧教育起步较晚，智慧教育技术研发效能与觉醒程度及创新实力成正相关，推广应用效能与观念解放及技术运用能力成正相关。"好酒也怕巷子深"，缺乏有效的宣传，导致优秀的高校教育智慧设备、教学资源和智慧应用方案得不到广泛运用。借鉴支付宝、滴滴出行、百度云等商业软件的宣传推广策略，智慧教育解决方案的宣传策略应更多注重体验性，营销策略及盈利模式更应注重分步有偿化或"貌似免费"法，技术策略更应注重简单化与融通化，即平台功能丰富、融通，软件使用简单易学。当然，智慧教育理念深入人心、智慧教育技术的"教技合一"必定是一个长期过程，通过有效的宣传和推广，可以将这个过程的时间变短。

八、缺乏有效激励

高校大数据教育管理的发展在教师中存在一些阻力，虽然我国多数高校为数字化教学资源建设提供一定额度的资金奖励、资源开发工具、资源开发的相关培训和一些技术支持，但是教师的积极性并不高，这成为我国高校大数据教育管理发展的另一障碍。其主要原因包括以下几个方面。

一是高校教职员工对高校大数据教育管理的认识不足。教职员工对什么是大数据教育管理，大数据教育管理会带来什么效果，MOOC、SPOC、微课等对传统教育教学改革有什么意义等问题，并没有清醒的认识，更不能从学校发展的全局和未来教育发展的趋势出发而进行教育教学变革。

二是大数据技术、翻转课堂、MOOC及微课等新技术群给教师带来学习压力。人的本能是守旧和惰性，对新事物有一种本能的抗拒。因此，智慧教育的教育方案、大数据教育管理的软件等必须朝着"方便、简单、智能"等方面发展，这样才能从技术使用的简单易用方面占领市场、赢得用户。

三是大数据教育管理的优势并未充分显现。特别是在大数据资源建设初期，大量的数据输入和管理工作，似乎遮蔽了大数据技术使用在后期会产生的种种"好"，这种"近视"现象也是高校大数据教育管理阻力产生的根源之一。当然，面对数据"原住居民"的大学生，作为数据"移民"的教师需要勇气向"旧我"挑战和超越，只有顺应时代发展和教育改革潮流，提高自身数据素养和信息素养，才能在数据时代创造新的成绩和辉煌。

第二节　高校教育管理的信息化背景

一、高校教育管理信息化创新面临的挑战

信息革命给人们的生活带来好处的同时，不能否认的是，它也会引发一些负面影响，不能根除。有关信息的所有问题不能指望全都解决，亦不能把信息作为洪水猛兽。技术对教育管理的深刻影响，还有教育对技术的负面影响，这都是我们应该深刻思索的问题。

(一)教育管理信息缺乏实证性

当今信息技术带来十分容易得到的信息量，使得许多人不再热衷于调

查。一些管理者为图便捷忽视实际调查的同时，直接从互联网上下载其他机构的规章制度，这在教育管理规章制度施行中很常见。在有限的信息技术知识只供给我们有关"何时""何地""何事"的"硬性信息"的条件下，如若只考虑我们的结果，却不能给我们带来思索及处理问题的方法，这是不够的。若是信息技术没办法与现实相呼应，只能是生硬的、无活力的应用。所以，在现代信息技术的支持下，信息和实践相结合是教育管理中必须特别注意的问题。

(二)信息安全与保密

教师、学生、课程、学籍、教材、教学、教学网站之类的信息等组成了教育管理信息。在现代信息技术的依托下，教育管理信息系统因开放性和互动性，以及系统自身的弱点与疏漏使得信息极其可能被随意取出，复制和拦截的问题在存储与传输过程中十分常见，导致信息泄漏，有安全隐患。人们对信息和教育管理系统设置了一定的访问权限，但仍有一些机密信息被窃取或篡改(如黑客)。同其他电脑程序一样，计算机病毒的攻击对教育管理系统来说也极其有害，如若系统瘫痪，学校范围内的教学将难于进行，由此带来的损失将是巨大的。

(三)教育管理信息零散

如今在单位时间内人们获得的信息量很大。教育管理人员面对如此繁杂的信息，在选择时会混乱，在管理或决策上也容易产生失误。

(四)信息化导致教育管理人员总的素质水平降低

因为信息技术的限制，垄断信息来源和程序等形式，致使信息的系统化、规范化、程序化，这样做不仅会造成直接和片面的影响，也让人们毫不费力地去直线反应，导致行为僵硬、呆板。管理者在很大程度上依靠信息技术的话，就会失去独立探索问题的能力，还会脱离实际。以上行为会对教育管理者综合素质的发展产生不利影响。

(五)高校教育管理中亟待解决的信息化问题

1.管理观念和体制滞后问题

高校教育管理信息化经过了多年的实行，而具体到实施过程的话，太多高校仍然把精力投入主要建筑和硬件平台中，而忽略了现代、高效和智能化的教育管理理念，管理的概念、理论，还是习惯于传统的教学模式，管理模式没有与时俱进。这主要在于高校决策部门没有发挥作用，且有关制度不健全，没有专门的职能人员的设置。

2.没有全面深入的认识

在教学信息管理方面，高校对于它的重视程度不尽相同，但是问题却是有的，一是了解不够全面；二是相应的规划和机制没有建立并完善，没有给予足够的重视。另外一些高校忽视教育管理的核心任务，重管理教学；在机构设置上，人员配备的问题没有得到解决，没有相应的信息和科学的施工队伍。

3.信息资源建设跟不上时代发展的问题

教育管理信息化的基础主要是对信息资源的有力建设，然而信息资源建设在我国很落后。一是缺乏强有力的教育行政部门的指导和协调；二是高校之间没有沟通，也没有基本的出发点去统一、去相互支持建设；三是学校内部各部门之间很少进行沟通协作。管理的分离，使得教育管理的数据共享无法得到充分实现，由此使各部分之间脱节，产生了很多不必要的麻烦，也使得数据的准确性问题大大降低。这样分散的部门各自对管理信息系统进行关于本部门的工作安排，使得数据被多次采集，增加了工作的负担，且使学校整体的工作没有得到有效的改进，还浪费了人力。

4.信息资源建设不够规范的问题

教育管理信息化最主要的还是进行信息资源的发展，开发信息资源是教育管理信息化建设的基础，同时也需要不断地进行探索才能有所发展。信息资源的标准化问题在整个教育管理信息系统中起着关键作用。信息的编码规则是否实用、直观，能否被广泛应用，是否能和现在及未来的教育管理模式相适应，这都需要加以考虑。采集数据时，要把握数据的精确性，用科学的方法得到科学的数据结果。只有把信息技术和教学信息资源进行深层次的融合，发挥二者在互相促进与互相补充方面的作用，才可以打造完善化的教育管理信息系统。

5.教育管理信息系统的开发问题

教育管理信息系统属于支撑和实行多校区远程教育管理的核心软件。它作为一个复杂的项目，需要投入大量资金，能涵盖很多区域，要功能强大，同时对技术的要求很高，需要长期开发才能实现。事实上，对于普通高校来说，宜采取引进与购买相结合的方式。利用这样的方式能够明显提升软件开发效率，减少成本耗费。软件开发的重要依据是学校实际管理特征与个性化管理需要。

6.教育管理信息化专业队伍的建设问题

教育管理信息化是对技术和各方面要求极高的一项工作内容，也因而提高了对教育管理人员的素质要求。因为教育管理者与教育质量和信息化建设存在着不可分割的关系，只有促使他们树立现代化的教育观念，有效积累获取多元化管理知识，并且懂得去创新，才能够真正掌握信息化技术，进而为管理信息系统的构建做出突出贡献。所以，教育管理者一定是拥有极高综合素质的管理型人才。高校除了要在软件和硬件建设方面加大工作力度外，还要加大对教育管理者的教育培训，不断提高他们的实际应用能力，培养信息素养，丰富他们信息技术知识技能。再有，信息管理的制度要健全，特别是考核和奖惩制度，这些制度只有科学规范，才可以激励和促进信息管理队伍的发展。

二、大数据时代促进高校教育管理的创新

(一)大数据时代对高校教育管理的理念与思维进行了创新

传统教育模式下的教学资源通常是一些教师通过自己的教学经验开发的，有很大局限性。在大数据时代这种现状正在被努力改变。在大数据时代，我们通过网络调查和统计，可以非常迅速地对现有的资源进行处理，通过这种方式我们可以找出教材的优缺点，在最短的时间内，这些优点和缺点往往更客观，没有太多的主观意识。

（二）大数据时代对高校教育模式进行了创新

在高校，虽然大多数大学课程是开放的，允许非专业的学生参加，但这种模式的弊端是本校的教育资源只能在本校流通，无法在其他大学和社会上传播。但在大数据时代，将改变这种弊端，教师可以通过网络将自己的课程上传到网络，除了使学生反复聆听加深印象，把握重点外，受众也不只局限于本校的学生。MOOC 是对我国教学资源不平衡的一个很好的改进，它除了具有其他在线教学的优势外，还具有自身独特的优势。显然，网络教学模式在高等教育大数据和管理时代产生了影响深远。

（三）大数据时代对高校教育的评价模式进行了创新

教育评价是高校教育体系建设当中的一项重要内容，在优化高校教育管理、提升教育质量等方面，发挥着不可替代的作用。为了从根本上优化教育评价模式，有效适应大数据时代的要求，就要积极将大数据应用到教育评价模式构建当中，借助大数据手段完成教学评价研究，为教育综合水平的优化提高提供根据与支持。大数据时代让传统教育评价发生了彻底变革，使得教育评价不再拥有过多的主观色彩以及经验之谈。这样不仅能够有效获取不同教学平台的数据信息，获知学生对不同导师课程的点击量，还可以借助活跃度调查的方式，完成对教育整体的评价，保证评价质量。

第三节 高校教育管理取得的主要成绩

一、加强大学生思想政治教育，为大学生成才提供精神动力

大学生的日常思想政治工作是课堂教学、德育课、形势政策课等之外的重要补充，具有针对性、时效性等特点。高校学生管理工作注重大学生的日常思想政治工作，使学生解放思想、更新观念、提高认识，树立"一切为了学生"的教育理念，增强服务的意识，强化服务的功能，自觉、主动地为大学生成长服务。其既坚持教育学生、引导学生、鼓舞学生、鞭策

学生，又做到尊重学生、理解学生、关心学生、帮助学生；对大学生学习、生活规范管理，促进大学生向有道德、有纪律的方向发展；提高大学生的文明素养，促进大学生文明习惯的养成。思想政治教育工作要做到学生的心坎里，要被学生接受，要受学生欢迎，起到解疑释惑、化解矛盾、鼓舞士气和激发热情的作用，为大学生成才提供精神动力和舆论力量。

对大学生的思想政治教育，一般采取集体、小组、个别教育的形式，运用大会、讨论、学习、讲评等方法，结合不同阶段学生的思想状况，有目的地对学生加强思想政治教育，引导大学生全面提高素质。例如，通过各项先进评奖等，引导学生开展创优争先活动，努力学习，积极进取，在学习、品德、行为、身体锻炼等各方面追求进步，成为优秀人才；而对大学生不良行为的处罚，不仅对其本人的健康成长具有重要意义，对其他同学也具有重要的教育意义。另外，通过新生军训，培养学生适应环境的能力，提高学生的国家安全意识，培养学生坚忍不拔的意志、艰苦奋斗的精神，养成文明、守纪习惯；通过专业介绍，进行学习目的教育、理想教育，激发学生学习的热情，提高学生自我提升的积极性；通过校史校情教育，对学生进行学校光荣传统教育、艰苦奋斗教育、优良学风教育，为学生今后的发展打下坚实而良好的思想基础；通过对毕业生的各项教育，引导学生正确看待和处理自我发展需要与社会需要之间的关系，帮助学生树立正确的择业观；通过引导学生剖析自身素质与社会需要之间的差距，增强学生的忧患意识，进一步提高大学生道德修养的自觉性、主动性和积极性；同时，还要加强竞争意识教育、挫折教育、创业教育等，进一步促进学生养成不断提高自身素质，永不停步、永不言败的信心和习惯。

二、积极开展丰富多彩的活动，为全面提高大学生素质搭建舞台

（一）积极组织社会实践，锻炼学生的社会适应能力

利用寒暑假开展社会实践是高校学生管理工作的常规内容。大学生利用寒暑假进行社会实践的形式是多种多样的，有环保调查、行业实践、公益实践、母校回访、勤工助学等。社会实践活动没有固定的模式，也没有

固定的场地和对象，一般是在比较开放的环境下，学生独立面对和解决各种问题。社会实践能充分调动学生的积极性，引导学生在实践中勇于开拓、敢于创新。

此外，大学生通过实践走向社会，亲身体验生活，感受贫富差距，在与人民群众的接触、了解、交流中受到真切的感染，从活生生的典型事例中受到深刻的教育和启发，这能使他们的思想得到升华，使他们的社会责任感和使命感得到加强。同时，社会实践也能使学生看到自身知识和能力上存在的不足，比较客观地去重新认识、评价自我，逐渐摆正个人与社会的位置，进而潜心思考自身的发展问题，不断地提高自身素质和能力，以适应社会发展的需要。

总之，社会实践可以训练学生独立生活和适应环境的能力；提高知识的实际应用能力和自身的组织管理能力；巩固和发展专业技能；了解国情民情，增强社会责任感；强化学生的社会服务精神，塑造他们吃苦耐劳的品德。大学生在积极参与这种实践活动的过程中，会逐渐养成坚韧、顽强的优良品性，形成务实的学习态度和生活作风，不断提高自己、完善自己。

（二）组织社团活动，为大学生搭建开发潜能、展现自我的重要平台

社团活动是大学生校园文化活动的重要组成部分，是对大学德育的有效补充，也是大学生素质教育的重要载体，是高校中一道亮丽的风景线。大学生社团是大学生立足校园，基于共同兴趣和爱好，依照法律，按照一定章程，自愿结成的具有固定成员和特定活动内容的组织，大致可分为思想政治、学术科技、文体娱乐、志愿服务、创业或综合五种类型。社团活动形式新颖、丰富多彩，在培养学生的想象力、创造力、批判能力和协作精神，充分调动学生的主体性与参与性等方面，起着桥梁和纽带的作用。它不仅丰富了大学生活，而且为大学生身心健康发展提供了课堂以外的学习机会，让他们在活动中锻炼自己的能力、发挥自己的特长、展现自己的才干，这无疑是大学生开发潜能、展示自我的舞台。

(三)丰富校园文化,提高学生的人文艺术修养

文化素质是素质中的一个重要内容,它是指具有一定的文学修养、理论修养、音乐修养、艺术修养等。学生管理工作的重要内容之一就是校园文化建设。所谓校园文化具体表现在各种活动的组织与开展中,如元旦联欢会、歌手大赛、合唱比赛、社团嘉年华、科技文化节、校园辩论赛、假面舞会等。青年人思想活跃,接受能力强,可塑性大,比较容易接纳新生事物、观念、行为及生活方式,通过群体文化的规约和引导,形成良好的校园文化大气候,对学生素质的提高大有裨益。通过丰富多彩、形式多样的文化艺术活动,引进高雅艺术如音乐会、芭蕾舞、话剧等,使学生的艺术修养和审美素质得以有效提升。

(四)组织课外学术科技活动,锻炼学生的创新能力

大学生课外学术科技活动包含三方面的内容:一是学术科技的学习,二是学术科技的创新,三是学术科技的应用。这是伴随着"科学技术是第一生产力"的论断逐步为社会接受并确立其在经济社会发展中的主导地位一步一步发展起来的。高校学生管理工作部门应高度重视,不断健全组织机构,形成有效管理的模式;建立评比表彰制度,营造学术气氛,并采取积极措施使这一活动不断发展和深化。

课外科技创新活动,激发了学生的学习积极性和创造能力,使学生从校园走向社会,从单纯受教育和知识传承的身份,逐渐成长为社会财富的创造者,打破课外与课内的界限,最终使学生树立终身学习的观念。

三、加强学生管理工作人员队伍建设,提高推进素质教育的能力和水平

辅导员是从事学生思想政治工作的基层干部,是思想政治工作第一线的组织者和教育者,也是和学生接触最多的老师之一。高素质的辅导员有利于国家的稳定和繁荣、学校的生存和发展以及学生的健康成长。把那些业务水平高、思想品德优、综合能力强、热爱辅导员工作的优秀毕业生选留到辅导员队伍中来,加强对辅导员的管理,以提高队伍整体素质。从发

展趋势来看，我国高校学生管理工作开始强调教育性和发展性，在强调德育传统的同时，"以人为本"的管理理念基本上得到认同。管理制度也更为完善，管理干部队伍的层次日益改善，有的高校学生管理干部中硕士毕业生已经占有一定比例。

第四章　新时代高校教育管理体制改革

第一节　高校教育管理体制现状分析

一、高校教学管理的职能分析

在教学管理活动中，高校管理部门必须正确、恰如其分地发挥管理职能，才能使管理工作系统、有效。

(一)决策与计划的职能

决策与计划是教学管理的首要职能。决策就是人们对未来实践的方向、目标、原则、方法和手段所做出的选择与决定。计划是根据决策和目标的要求，进行统筹安排，拟定实施方法和程序，制定相应的策略、政策等。决策是计划的前提，计划使决策具体化，决策与计划是整个管理工作的基础。教学管理决策包括目标预测和目标决策。高校作为培养国家高级人才的基地，对人才培养的目标有明确的规定。教学系统自身发展的目标是指与教育目标相适应的办学规模、办学条件、师资队伍等方面的发展目标。目标决策主要是对教学目标和教学管理目标的决策。其中，教学目标包括教学总体目标和教学过程各个阶段的具体目标等，教学管理目标包括教学管理总目标和教学思想管理、课程管理、教学质量管理、教师管理、学生管理等子系统的具体目标。

教学管理计划包括教学规划、教学计划、教学政策法规和教学管理工作计划等。教学规划是学校教学工作整体的、较长远的发展设想和计划，包括规模、方式、方法等总体目标和总的方向。教学计划是学校组织实施教学的总体设计，包括培养目标、规格、课程设置和要求、学时和教学环节分配等方面。教学政策法规包括国家依据教育目的而发布的规定、条例、规则和学校为了完成培养人才的任务而制定的规章制度等。教学管理工作计划包括组织和管理教学的各类工作计划，如招生工作计划、毕业工作计划、师资培训计划等。因此，教学管理计划是一个内容广泛的计划体系，计划功能对于教学管理系统具有特别重要的意义。

(二)组织与实施的职能

组织与实施是教学管理系统的一项重要职能，指按照决策目标要求，把系统中的各种要素组织起来，执行管理计划，使教学管理计划能够付诸实施组织与实施功能，具体包括两个方面，组织设计的功能和组织行为的功能。

组织设计的功能是指按照目标要求，设计任务结构和权利关系，建立一个合理而有效的管理组织结构。组织设计的基本内容包括：为实现教育教学总目标把教学总任务分解成若干具体任务，把具体任务合并归类，划分部门，建立职权机构，如按年级设立年级组，按学科设立教研组等；选择和配备教师和管理人员，明确职责，并授予他们组织和管理教学的相应权力；为协调组织机构的职权关系和信息沟通关系而拟定各种规定，如教师工作职责，教学管理规章制度等。当然，并非对每项任务的管理都要有建立组织机构的过程，经常性地组织工作是根据各个时期的任务所规定的目标组织力量、明确分工、授予权力和协调关系。

组织行为的功能，即组织实施，是组织力量执行计划的行为和过程，其目的是使管理计划能够付诸实施。组织实施的基本内容包括：统一目标，使全体教职工目标一致；统一组织指挥，使系统内的一切工作都有人按时、按量、按质完成；人各有责，人尽其才，实行职、权、责相统一，使全体教师和管理人员明确自己的职责、工作范围、工作质量要求和协作关系；统一步骤，按计划步骤统一行动，保证计划的步步落实。

(三)指挥与协调的职能

指挥与协调也是教学管理系统的重要职能。指挥是指领导者依靠行政权威，指示下属从事某种活动，使系统按指令运行。协调是指消除管理过程中各环节、各要素之间的不和谐现象。因此，指挥与协调是从不同的侧面对管理过程的干预和控制，两者之间相互补充、相互完善。

指挥功能是指通过下达命令、指标等形式，使系统内部个人服从于一个权威的统一意志，将计划和领导者的决心变成全体成员的统一行动，使全体成员履行自己的职责，全力以赴地完成所负担的任务。教学管理的指挥功能有以下几点。

第一，实行专家治校，保证领导权威，保证领导的督促、率领和引导作用有效发挥。

第二，运用各级教学管理组织权责和规章制度，规范全体人员的行动。

第三，严格按计划、大纲组织教学，统一标准，统一要求。

第四，建立教学指挥机构，一般由领导、职能部门的工作人员，借助先进的设备手段，建立教学指挥中心等形式的教学指挥系统。

协调功能是指对系统运行过程中各环节、各要素之间的不和谐现象进行处理和调整，以消除和减少各种矛盾，保证目标的实现。协调功能带有综合性、整体性特征，它是管理本质的体现。从某种意义上说，管理就是协调。教学管理协调的主要内容是通过计划、沟通、调整等方法，协调教学管理系统与外部环境，如学校教育与社会系统的关系；协调教学管理系统内部各类成员之间，各组织、各部门之间，管理过程各环节、各项工作之间的关系；协调教学系统内部课内与课外之间，教、学、管诸要素之间，教学内容、方法、手段之间，各章节教学内容之间的关系；等等。

(四)监督与检查的职能

监督与检查是实施教学管理过程的重要职能。监督就是察看并督促。检查是对预测的科学性、决策的正确性、目标的完整性、计划方案的可行性以及实施计划的有效性的全面考评。从本质上讲，检查就是一种监督和控制，是一种信息反馈活动。通过检查既可以发现管理过程中的缺点和问题，又可以发现优点和经验，进而克服缺点，推广经验，把工作向前推进。

检查按检查时间划分为平时检查和阶段检查。平时检查不使问题成堆，阶段检查则是比较集中、全面的检查。两种检查互为补充，不可缺少。检查按检查范围划分为全面检查和专题检查。全面检查是德、智、体、行政、总务诸方面，目的在于了解和掌握工作的全面情况。专题检查是有针对性地发现问题和解决问题，专题检查的内容决定于检查的目的，教学管理要专题检查和全面检查交替进行。检查按检查方式划分为自上而下的检查、互相检查和个人检查。自上而下的检查是学校领导者对下属的检查，这种检查有监督、考核的作用。互相检查是学校成员之间互相进行的一种方式，如教师之间的互相听课、互相检查教案和学生作业。个人检查是学校成员的自我检查。这种检查有两种：一是按学校布置的提纲进行；二是自觉的自我回顾。个人检查是具有强烈责任感的表现。

监督与检查具有双重功能：一是监督与考核下属人员的工作，能及时对成绩突出者给予肯定，对工作平平甚至失职者给予纠正；二是检查和考核领导人员本身的管理水平，计划、措施、执行是否符合规范和要求，明确管理者的责任。

（五）评价与控制的职能

评价与控制是教学管理，特别是现代教学管理的重要职能。评价包括科学分析和价值判断，指通过教学评价和系统分析方法，判断教学效果与教学目标的差距，为决策和控制提供有用信息。控制即根据评价分析的结果，纠正计划执行中的偏差，保证教学目标的实现。评价与控制是教学管理系统较重要的功能之一。

教学评价和分析的具体功能是根据教学目标和计划，运用各种科学手段，对教学过程和效果进行价值判断与系统分析，为教育教学决策和控制提供信息。教学评价和分析的主要内容包括课程教学评价分析、课堂教学质量评价分析、教师评价分析、学生评价分析、课外活动评价分析等。教学管理的控制功能包括教学前馈控制、教学过程控制和教学事后控制三种类型。教学前馈控制是预防偏差的一种控制，即预先采取有效措施，使偏差得到预先控制，防患于未然。教育前馈控制对于教学管理是十分重要的，教学系统是以育人为目的的，教学过程的任何偏差所造成的后果都是十分严重的、不能允许的，前馈控制可以防止这种情况的发生。教学过程控制也称教学现场控制，是在教学计划执行过程中的控制行为。通过对教学计划执行过程的现场观察、监督和指导，对教学过程进行评价、分析和建议，及时纠正任何不符合教学计划要求的偏差，保证教学计划的实施。教学事后控制，又称教学成果控制，是建立在终结性评价分析的基础上的控制行为，即在计划基本完成之后，把实际取得的工作成果与计划目标相比较，发现仍然存在的差距，作为将来工作的借鉴。

（六）总结的职能

总结是教学管理活动一个周期的终止，预示着下一个周期的开始，起着承前启后的作用。总结是教育管理活动不可忽视的一环，它要求用科学的方法，对工作进行全面系统的总结，肯定成绩，找出缺点，总结经验教训，探索管理规律，并指出未来的努力方向。总结对于积累管理经验，提高学校管理人员的管理水平，促使教学管理科学化，提高学校的工作效率和管理效能具有十分积极的意义。教学管理过程中的总结通常在一个学期或一个学年结束时进行，一般分为全面总结和专题总结两类。做好总结工作必须遵循以下基本要求。

1. 以计划目标作为评估绩效的标准

总结是对计划执行情况进行的综合分析和评估。原定的计划目标不仅是执行和检查计划的依据与中心，还是评估工作绩效的重要标准。

2. 要以检查为基础

总结是检查的后继阶段，是在检查的基础上进行的。没有有效的检查，就不可能有真正符合客观实际的总结。检查可为总结提供各种可靠的信息，如典型的事例、人员的言行表现、科学的数据材料等，但检查并不等于总结，也不能代替总结。检查是感性的，而总结是理性的，是发现原则和规律的过程。

3. 要有激励作用

回顾过去是为了推动未来，总结使组织成员进一步增强前进的信心和决心，成为前进过程中的"加油站"。一份优秀的总结报告应具有强大的激励作用，肯定的成绩能增强人们的信心，指出的不足能增强人们的责任感，从而振奋人们精神，提高教学管理水平。特别是在行使教学管理的总结职能过程中，通常要建立奖优罚懒、赏罚分明的奖罚机制，以促进教学工作朝着积极、健康的方向发展。

二、高校教学管理制度的内涵与结构分析

(一)高校教学管理制度的内涵

根据《现代汉语词典(第7版)》的解释，制度一词有两层含义：一是要求大家共同遵守的办事规程或行动准则；二是在一定历史条件下形成的政治、经济、文化等方面的体系。高校教学管理制度是一个多层次、多序列、多职能的完整体系，从不同的角度有不同的划分和理解。从广义上讲，高校的教学管理制度就是在一定教育发展条件下形成的教学管理体系，是由诸多元素或部件构成的、完整的、具有特定目的和功能的整体，各个元素或部件在构成上的变化直接影响高等教育功能的发挥和高等教育目的的实现。这个整体或者系统总是随着时代和社会的变化而变化，变化可以是主动的也可以是被动的，可以是宏观方面的也可以是微观方面的。每当高等教育教学不适应时代和社会的变化时，高等教育就要通过制度上的改革与发展适应变化。高校教学管理制度本身就是在不断适应社会的需要的过程中形成和发展起来的。但从狭义上讲，高校教学管理制度就是特指在高等学校的教学过程中，为了规范教学活动和实现学校的教学目标，而制定的系统的教学管理方法。

为提高高等教育的教学质量，各国的实践探索无不加强教学管理，从制度上提供保障。从世界范围来看，学分制和学年制是高校教学管理中采用的最为广泛的两种制度。选择学分制还是学年制与国家的社会制度无关，而更多地与一个国家的社会文化和传统相联系。虽然美国、法国、英国、意大利、日本等国同属资本主义国家，实行市场经济，但它们所采取的教学管理并不一样，有的实行学年制，有的实行学分制。即使在同一个国家里，在不同时期，不同大学也会采用不同方式，甚至在同一时期，不同大学也采用不同方式。由此可见，学分制与学年制只是两种不同的教学管理制度而已。它们的共性是学生必须修够一定数量的科目才能毕业；它

们的差异则是学年制注重统一性，有显著的强制特点，学分制的自由度和选择范围则比较大，有显著的弹性特点。因此，两者并无绝对的优劣之分，大学的成功与高质量和采用哪种教学管理制度也无绝对的关系，关键是大学所采用的制度是否适应学校教学管理的需要。"制度"是一把"双刃剑"，只有通过不断地完善教学管理制度，才能促进学校的发展进步。

（二）高校教学管理系统的结构分析

结构是系统中要素相互联系、相互作用的方式，是要素在系统内的秩序。由于教学管理内部复杂的联系，根据不同的需要，从不同的角度研究就有不同的层次和形式的系统结构。

从组织结构分析，目前高校的教学管理可分为教与学两个系列，各为六个层次。在教的方面，由主管校长-教务处-学院-系（部）-教研室-教师，形成一个完整的教学工作系列；在学的方面，由主管校长-教务处-学院-系（部）-年级组-学生个体，组成学习系列。这两个系列既相互交融、相互影响，又有其自身的独立性。教学管理系统六个结构层次的具体构成如下。

第一层是由学校主管教学工作的校长（主管校长）主持召开行政会议。这是学校教学管理的决策层。决策层的职责是通过调查研究，进行科学决策，实现宏观调控，校长要对整个学校的教学质量全面负责，从学校的定位、总任务、总目标出发，把提高教育教学质量、培养高级人才作为教学管理的中心任务。

第二层是教务处。它是教学管理的职能部门。它是在校长的领导下，对全校的教学工作进行具体计划、组织和调度的职能机构。教务处的工作主要是确定具体的学科、制定教学目标、编制教学计划、安排教学任务，对学校的教学工作进行检查和评估，对各专业的教学实行管理并对质量负责，负责全校的教务行政工作，是高等教育中十分重要的组织机构。

第三层是学院。学院是近年来高等教育改革过程中产生的结构层。由相关学科、系、部组成的学院，更有利于学科交融、资源共享，同时，也便于学校教学工作的管理和开展。学院主要是根据教务处制订的宏观计划，结合本院的学科特点，组织教学工作的开展。对系、部的工作进行安排部署，对本学院的教学做具体、细致和全面的管理。

第四层是系(部)。这一层次的主要任务是组织各专业教师进行教学工作的实施，经常性地组织教师进行教学研究工作，总结交流教学经验，提高教师的思想水平、业务水平和教学能力，对教师进行师德、教风和学风的建设，建立良好的教师集体，改进教学工作，提高教学质量。

第五层是教研室和年级组。教研室是根据学科和专业特性组织起来的教学科研组织，它是教师的直接管理部门，对教师的教学、科研工作进行最直接的安排和管理。在高校，年级的主要工作是由辅导员进行管理的，年级不同，教学安排、学生的思想状况以及课程的设置就不同。因此，教学要根据年级的特点和大学生的心理、思想来组织管理，实施阶段性的教学检测、年级学科竞赛、教师教学状况调查等。

第六层是教师和学生个体。任课教师是教学工作的具体实施者，对本专业课程的教学质量负责，同时，还肩负着对本专业知识进行拓展和深入研究的责任，教师也要不断地研究和学习，努力提高自身素质和教学能力。学生是接受教学的主体，每个学生要对自己的学习实行自我管理，对自己的学习进行自觉、合理的安排，选择适合自己的学习方法，对教师的教学给予支持，向教师提出合理化的建议，并与其他同学进行学业上的交流和探讨。

在以上两个系列的六个层次中，还存在着反馈系统。反馈系统是教学管理中的必要元素，为保证教学工作在各个阶段的顺利实施，学校必须建立顺畅贯通的教学信息反馈系统，以便及时了解教学过程中的实际情况，并将反馈的意见进行总结归纳，决策层和实施层根据反馈的信息对教学工作进行调整，保证教学工作正常运转，形成反馈机制，提高教学质量。

三、高校教学管理制度与教育质量的关系研究

作为继承、传播和创造知识的高等教育，在知识经济时代从社会的边缘走向了社会的中心。提高国民素质、储备科技人才，已经成为世界各国关注的焦点，把发展高等教育作为提高综合国力、增强国际竞争力的重要措施。高校教学管理制度的优劣是教育质量高低的关键所在，一个好的管理制度对学校的发展、人才的培养具有十分重要的作用。

目前，高等教育进入大众化阶段的战略决策，并采取行政措施，连续几年扩大招生规模，以迎接知识经济的挑战，实现"科教兴国"战略，增强国家的综合国力和国际竞争力，满足人民群众日益增长的接受高等教育的需要。在今后若干年中，高等教育还要保持比较高的发展速度，才能实现大众化的发展目标。这虽然缓解了高等教育供求的矛盾，但同时也给人们带来忧虑，担心因入学"门槛"降低和规模扩大过快而导致教育质量下降。因此，教育界最突出的问题是，用什么样的教学管理制度解决通向大众化教育阶段过程中或进入大众化教育阶段后的教育质量问题。

(一)完善制度建设，提高高等教育质量

高等教育大众化的重要标志是高等教育规模逐年扩大、适龄青年的入学率逐年上升。在整个发展进程中，进入高等学校的"门槛"必然逐年降低，这是否意味高等教育的质量下降了？答案是否定的。首先，"门槛"高低受招生规模制约，是人为设置的，不是评价高等教育质量的决定因素；其次，人是发展变化的，一次入学考试分数的高低，只能反映一次竞争的结果，不能代表人的素质优劣，更不能以此来推论或决定人的终身；最后，大众化阶段的高等教育，其教育目标定位是提高整个中华民族的科学文化水平。从这个意义上讲，虽然进入大学的"门槛"在逐年降低，但高等教育规模在逐年扩大，给更多的人提供了接受高等教育的机会，国民的综合素质提升了，整个中华民族的科学文化水平提高了，为社会主义现代化建设和发展知识经济培养了不同层次、不同类型、不同规格的各类人才。因此，虽然"门槛"降低了，但并不能说明质量下降。大众化教育阶段过程中出现的某些质量问题，并非这一阶段所独有，而且是可以解决的。

(二)精英教育赋予高校教学管理制度新的内涵

我国的高等教育尚处在精英教育阶段，但严格讲，它主要体现在数量即适龄青年入学率上，在质量上未能反映面向"精英"的精英教育。高考虽然是全国统考，但由于地区差别和其他一些原因，"精英"未必能接受精英教育。进入大众化教育阶段后，精英教育不仅不会消失，还必须加强，但高校教学管理制度需进一步完善。通过高等教育的结构调整和强化竞争与

激励机制，使真正的精英流向这类高等教育机构接受精英教育。

（三）高校教育质量标准从单一走向多元

长期以来，受计划经济体制的影响，人们是用一个尺度衡量高等教育质量的。这反映在教育目的和人才培养目标的统一规定方面，也反映在统一的教育质量评价体系及其课程体系、教学内容等方面。如果说这种现象同当时的计划经济体制相适应，那么现在显然已经不合时宜。

21世纪，中国将更加开放，多元经济和多样化社会必然对高等教育提出多样化的需求，高等教育多样化是适应社会经济多元化、高等教育大众化、科技发展高速化、社会需求多样化、人的素质差异化的必然要求。高等教育只有为社会提供多层次、多类型、多形式的教育，才能满足社会对各类人才的需求和个性发展多样选择的要求。面对多样化需求的社会，高等教育必须走多样化之路，科学定位，主动寻找有利于生存和发展的空间，才能发展个性，办出特色，提高质量，经受住激烈竞争的人才市场的检验。

目前，高校的教学管理制度应引导高等教育适应社会，引导其追求理想学术型的办学模式和人才培养模式。多元教育质量观是有别于传统教育质量观的理念，它突破了计划经济的思维定式，有利于增强高校自主办学和自我调节的能力。它不仅对不同层次、不同类型的高等教育采用不同的质量评价标准，而且允许同一层次、同一类型甚至同一专业的人才培养目标也可以不同。多元教育质量观更能突出办学个性和特色，其运作更加客观，贴近市场，因而有利于引导大众化阶段的各级各类高等教育在各自的层面办出特色，提高质量和水平。

（四）多样化的高等教育对素质教育有新的解释

中国是一个具有几千年历史的文明古国，传统教育的价值倾斜于政治功能，衡量教育质量的重要标准是能否为统治阶级培养所谓的"济世之才"，主张循规蹈矩，反对离经叛道。近代工业文明传入中国后，科学教育受到重视，以占有知识的多少和深浅为标准的知识质量观一度占据支配地位，强调培养学术型或学科型高级人才。到了20世纪80年代中期，针对大学生动手能力不强的现象，强调加强能力培养，出现了知识质量观转变为能力质量观的趋势。到了20世纪90年代中期，素质教育在全国兴起，教育质量观得到广泛认同。从教育的知识质量观到能力质量观，再到包含知识、能力在内的全面素质质量观，反映了社会变革、转型时期人们对教育本质认识的深化，丰富了教育理论与教育实践知识，促进了教育质量和办学水平的提高。但是，受传统思维定式的影响，其价值取向仍然偏向社会功能而忽视教育的个体功能，人才观仍然偏向理想模式下的"全才""完人"，而忽视多元经济和多样化社会对人才，尤其对专门人才的多样化需求。

素质教育是针对中小学"应试教育"提出来的，高等教育中讲的素质教育，从发表的文章看，主要是针对人文与思想政治教育环节薄弱提出来的。其大体有两种倾向：要么把素质与知识、能力等并列或对立起来；要么在"全面"上做文章，对素质进行分解，试图把学生培养成"全人"或"完人"，两种倾向都有失偏颇，根源就在于对素质教育内涵的理解上。素质教育是基于受教育者的基本素质，通过最佳途径，促进其主动在各层面全面发展的教育模式。这个概念的基本内涵是：①素质教育的基础是受教育者的基本素质；②人的素质存在差异，素质教育只能因材施教，分类进行；③它是一个过程，其效果取决于实施途径；④是主动学习而不是被动学习；⑤目标是适应社会，全面发展；⑥具有理论与实践意义和可操作性。

多样化的高等教育实际，要求人们必须走出传统的培养模式，进行制度创新，将传统理想模式塑造人改变为受教育者根据自身的实际情况与现实可能，选择有利于社会价值与个体价值统一的成才模式。即使对所谓"片面"发展的"怪才""偏科生"，也不能用现在的质量标准将其拒之门外，而应采取特殊的培养模式，促进其在"片面"方向"全面发展"。这类人才的特殊性在"片面"，决不能用理想模式迫使其舍长取短成为平庸之才，更不能将其扼杀。因此，传统意义上的因材施教将在分类培养的基础上，在更高层次上回归。教与学的角色将实现历史性的转变，教育不再是单向传授，而是导致学习的、有组织的和持续的交流。受教育者将能动地根据专长、志向和兴趣，按能级归位，选择有利于自身发展的教育形式。21世纪的素质教育必须克服上述两种倾向，不再追求标准化的单一理想模式及其质量标准，而应建立有利于不同层次、类型的人才发展的多样化的因材施教、分类培养、教学互动的弹性模式及其教育质量标准。

教育质量观属于教育哲学范畴，它是一个发展的概念，准确把握其内涵和外延，需要在教育实践中不断进行理论探索和实践总结。高等教育大众化必须是数量与质量的统一，关键是要建立正确的教育质量观。在社会转型和高等教育向大众化跨越的历史时期，教育质量观起着重要导向作用。怎样发挥其正面导向作用，克服其负面导向作用，促进高等教育的规模、结构、质量、效益的协调发展，是 21 世纪必须解决的重大课题。

第二节　高校教育管理体制问题所在

一、教学管理组织的权利性倾向严重

教学管理组织本身是为实现学校的教育、教学目标而形成的结构优化、精干高效的管理系统，这个系统将学校中众多的教学要素进行有机的组合和动态的管理。但是，在我国的高校教学管理中，常表现出教学管理组织的权力性倾向严重的问题。"权力-强制"策略虽然是教学管理中的一种手段，但不是唯一的手段。在教学管理中，如果过分地强调组织的权利，使用强制的手段进行管理，往往容易触及学校的敏感神经，教师会有消极的情绪，学生会产生逆反心理，教学的质量不但不会提高，在管理中还会出现被动的局面。

高校进行教学管理的目的是提高教学水平，培养优秀人才。要达到这个目的的，拥有合格的、积极主动工作的教员和自觉学习的学生才是关键。教学管理组织应合理地运用手中的权力，充分发扬民主，采用合作化的管理手段，充分调动行政人员、专业人员、教师、学生以及校外人士的积极性和参与性，才能有利于教学工作的开展。

二、教学管理组织的运作模式相对单一

模式是再现现实的理论性的简化形式。目前，在我国高校教学管理

中，一般都采用的是等级制的管理模式，即从校长到学生，一级抓一级的方式。至于学生的表现如何，校长的管理能力怎样，这中间受到太多因素的干扰。教学管理中，应该以一种适合本校发展的模式为主、其他管理模式为辅的共同管理模式。

（一）问题解决模式

该模式是由第一线的教师为解决教育实际问题而创设和实施的，其理论基础是实用主义哲学和自由市场理论。这种模式的主要特征就是根据教学管理过程中出现的实际问题，进行诊断和鉴别，认真剖析内、外因素，自觉、自主地解决新问题，遵循问题—解决—新问题—再解决的程式向前发展。

（二）研究—发展—推广模式

该模式的理论基础是理性主义和权威主义。它主张任何管理都是一个研究、发展、推广的过程。教学管理者要根据实际进行研究，将成果以适当的形式、在适当的阶段推行，虽然某些管理的变革会遭到排斥，但是最终会得到推广，并在推广中受益。

（三）管理互动模式

该模式的理论基础是社会合作主义和人际关系理论，其精神实质是合作与沟通。在教学管理中，人与人之间相互影响，个人的行为受到制约，但通过宣传、交流和互换角色的方式，可以解决一些难以解决的问题。例如，学生代表与校长面对面交流，行政人员与教师进行交流，教师与学生进行合作管理等。

教学管理的模式多种多样，各校应在多年的管理实践中选择适合本校校情的模式，更应该不断地研究探讨新的模式，适应高校的发展和社会的需要。

三、教学管理的方法陈旧

高校教学管理的方法就是实现教学目标、完成教学任务的基本手段。

掌握并运用有效的基本方法，对于提高管理绩效具有十分重要的意义。教育要创新、科技要创新、人才培养要创新，教学管理的方法也同样要创新，不能总是采用一种陈年旧法。学校的教学管理本身具有权威性、强制性和垂直性等特点，如果在管理方法上不注意，难免会造成主观主义和命令主义的错误倾向，就会伤害教师和学生的感情。在科学教育飞速发展的今天，要想在管理上出成绩、出效益，就得选择适当的方法，有效地组合方法，从而达到事半功倍的效果。

要在适当的范围选择适当的方法。任何方法都不是万能的，都有一定的适用范围。如果教学管理的方法运用不当，就会产生明显的局限性。比如，在对教师的管理中，如果过于强调上级的权威和集中统一，容易导致长官意识主义，不利于下级和群众主观能动性与创造性的发挥，管理的适应性和灵活性受到限制，横向联系容易被忽视，影响各部门间的沟通与协调等。因此，教学管理的方法不能单一，要在适当的范围选择适当的方法。

要在正确态度的指导下运用方法。作为高校的教学管理者，首先，要正确认识和对待管理权力，注意提高自身的素质水平保证管理要求的合理性和正确性。其次，要分析管理方法的可行性，保证实施的效果节制有度，既能令行禁止，又能调动下属的工作积极性。最后，教学管理者要根据不同时期、不同条件、不同环境和教学工作的特点，把行政方法界定在必要和可行之内，使其更加符合教学管理工作的需要。

教学管理方法在学校的管理工作中发挥着十分重要的作用，正确的方法可以解决教学中产生的问题，提高学校的教学质量和办学效益，错误的方法则会导致问题的产生，给学校的工作造成负面影响。在教学管理工作中，一方面，管理者应不断提高自身的科学化程度，根据具体情况有针对性地灵活选择各种管理方法；另一方面，要注意与其他管理方法的配合，使教学管理方法发挥出更大的实际效果。

四、教学管理的目标具有局限性

教学管理的目标是由教育的功能决定的。我国目前高校教学管理的目标偏重于层次的划一与外显的局限。这样的目标会低估教学过程中出现的各种复杂现象，单凭借外显的行为特征而掩盖了教学管理的深刻性。其具体表现在以下三个方面。

第一，教学管理的对象是发展中的人，学生获取知识、技能与能力的程度不是统一确定的，他们在生理、心理以及社会化等诸多方面的成长速度不尽相同。因此，如果将教学管理的目标整齐划一，就容易忽视学生个性特长的发展。

第二，外显的行为目标一般不能准确揭示出全部活动的内隐因素。如果制定教学目标仅从知识内容出发，离开了教与学的具体行为，离开了教师和学生的基础水平，那么，必将产生各种各样的问题。因此，教学管理目标应全面、合理并且具有个性化的导向功能。

第三，目前，我国的高等教育正面临着前所未有的巨大变革，影响学校教学管理的因素呈现出越来越大的随机性。这就要求学校能随时随机地根据实际形式的变化，迅速调整相关的管理对策，如果教学管理的目标局限于某一方面，在适应环境变化方面就表现为僵化有余、弹性不足，不能很好地适应形势的发展。

鉴于上述分析，不难看出在制定教学管理目标时，应强化其正面效益，减少负面影响，发挥目标管理的效应，促进教学管理工作的开展，具体应从以下几个方面入手。

（一）科学分析，准确定位

教学管理要做到激励性与可行性的统一，这就要求管理者在科学分析校情的基础上，抓住学校亟须解决的问题，形成既体现本校教学工作自身特点，又符合实际的管理目标。

（二）近期需要与长远利益相结合

针对教学管理目标中容易出现"短期化"的倾向，在制定目标时，必须将学校教学发展的蓝图与中、短期目标统一协调起来。要确定哪些是近期努力可以达到的目标，哪些是经过不间断的努力可以实现的目标。当近期发展目标与长期发展目标相冲突时，一定要协调好两者的关系，不能因一时得失而毁掉长远发展前程。

（三）畅通信息渠道，加强监督反馈

教学管理目标是学校教学工作的行为导向，管理者必须建立立体、交叉、多维的信息网络，密切关注学校教学活动的运行状态是否与确立的目标体系相符合。一旦出现问题，通过信息反馈渠道对不恰当的管理行为做出修正，确保教学管理工作与目标不出现偏差。

五、教学管理的评估体系不健全

教学质量评估是教学管理中的一项重要改革，它不仅使教学管理部门对课堂教学起到监控作用，而且能够最大限度地调动教师的教学积极性，从而达到提高教学质量的目的。随着高校管理体制改革的不断深化，教学质量评估体系还有待于进一步健全和完善。在当前教学质量评估中主要存在以下问题。

（一）评估的认识存在偏差

当前，教育评估主要是由上级教育行政部门组织，采取他人评估、行政评估等方式进行，评估的目的表现为分等评优，从而起到选拔、鉴定、评比的作用，充分体现了教育评估的总结性功能。然而，为改进工作和决策服务的形成性功能发挥得不够充分。这种评估与过去上级对下级的工作检查并无本质的区别。被评估者对评估活动没有积极的参与意识，甚至对评估有抵制和厌倦情绪。有人认为，评估只是摆形式、走过场，对学校的具体工作开展并无实质性的促进作用。还有人认为，评估是一种"扰民"行为，干扰了学校正常的工作秩序，不仅无益，反而有害。这些原因固然有偏颇之处，但究其原因与开展的评估方式、方法不当有关。评估的目的不只是在于分出等级，更在于改进工作。如果评估者对此没有深刻的认识，简单地把评估作为分出优劣高下的工具，必然会造成误导和误解。

（二）评估功能和模式单一

评估具有导向、改进、鉴定、激励、管理、研究等多种功能，但目前的评估尚不能充分发挥这些功能，只有鉴定功能、管理功能在评估中表现得较为明显。评估模式基本采用泰勒的"目标行为模式",或者说"目标到达度"模式,这种模式在我国是伴随着加强教育行政管理和督导工作发展起来的,是由领导部门组织的行政评估和他人评估。而专家评估、社会评估、自我评估的成分很少,势必影响教育评估的全面性和被评对象的积极性。

(三)评估的技术水平不高

评估的可信度和效率在很大程度上依赖于对评估手段技术的准确把握和恰当运用。教育评估涉及多种评估技术和评估工具的运用,不同的技术和工具有不同的作用。目前,在高校教学评估中使用得最为广泛的是量化的技术,但一部分评估人员对如何编制量化表、如何保证可信度和效率等缺乏应有的知识和能力,致使量化方法这一重要的教育评估技术出现偏差,导致"盲目量化"的现象,似乎教育的一切方面都可量化,而一切量化又都是有价值的。

(四)对教育评估缺乏再评估

评估标准是否合理,评估方案是否科学,信息收集是否全面,信息处理是否得当,评估结果是否客观,评估结论是否公正,这些问题都有待于对教学评估进行再评估以后回答。没有再评估,对教育评估就失去了检查和监督的意义,就很难保证各个环节的合理无误,很难使教学评估活动具有自我认识、自我批评、自我提高的能力。当前,教学评估中出现的许多问题都与缺乏再评估紧密相关。

第三节　高校教育管理体制改革策略

一、高校教学管理体制创新的对策探讨

(一)突出"以人为本,以生为先"的教学管理思想

人类社会的每一次重大变革,总是以思想的进步和观念的更新为先

导。观念是外部世界的主观反映，外部世界是不断变化的，观念也随之不断地发生变革。教学改革的进程同样离不开思想的不断解放和观念的不断更新。在高校培养专门人才、发展科学、直接为社会服务的三项基本职能中，人才培养始终是最基本、最重要的职能。教学管理的主体应是学生，教学管理工作应本着"一切为了学生，为了一切学生，为了学生的一切"的原则进行，突出"以人为本、以生为先"的教学管理思想。

1.确立尊重学生自主权的教学管理思想

尊重学生知情权、选择权、参与权等自主权，目的是为学生自主学习、自我管理、自由发展提供必备条件，从而培养学生具备自我构建智能结构的能力，使其成为具有创新精神和创新能力的人才。

首先，赋予学生知情权。学生有权了解学校的教学计划、培养方案、各项规章制度、开设课程、课程安排、教师资历、教育培养经费的使用情况及其他与学习、生活有关的情况。学校赋予学生知情权，可从学校、院（系）和学生三方面进行。

第一，借助网络公开校务。学校将与学生利益相关的内容挂在校园网上，使每个学生都能了解学校的政策与具体规章制度。

第二，教学秘书、班主任或学生干部及时、准确地通知院（系）事务。院（系）通知的事情一般与学生的利益有较直接的关系，如申请奖学金、评选优秀学生、参与学术活动等。

第三，学生主动向老师了解自己关心的事情。学生对于自己想了解的事情应积极主动地询问教师或院（系）教学秘书，自己采取主动。

其次，交还学生选择权。学生自主选择的权限包括选择专业、选修课程、选择授课教师、学习模式以及学习年限等权利。为保证学生选择权顺利实施，可以从学校、教师、学生三个角度进行。

第一，从学校角度讲，要进一步完善选课制和导师制，从制度上保障学生在选择专业、课程、教师及学习年限上的自主性。

第二，从教师角度讲，要不断提高教师的业务水平，开出数量多、质量高的选修课，以供学生有选择的余地。

第三，从学生角度讲，选择课程要根据自己的特长、兴趣做出合理的选择，不要盲目地选择容易获取学分的课程。另外，课程选择权还应赋予学生在规定时间内改选课程的自由。

最后，给予学生参与权。学生参与学校的教育教学活动使他们有机会学习民主和运用民主，对培养他们形成主人翁意识、自主自立能力有很大益处。参与权可以分为教学管理参与和教学过程参与。教学管理参与可派学生代表参与校级或院(系)级的教学事务管理，参与教学计划的制订，参与教师的教学评价，参与信息收集与反馈等学生参与管理，增强了学习知识和运用知识的主动性与自觉性，培养了学生的实践能力和动手能力。教学过程参与，一方面，指学生应在课堂上主动参与教师教学，与教师进行互动，而不是把自己作为装盛知识的"容器"；另一方面，指学生有权参与教师的选择，参与自己的专业课程设置，实行个性化培养。教学过程参与将以往在教学过程中对学生进行的统一管理转变为个体参与，以培养学生的主体意识和激发其主观能动性。

"以人为本、以生为先"的教学管理思想要求充分调动学生的主动性与积极性，但并不意味着毫无规范与限制。因此，学校在建立完善的制度体系以保障学生知情权、选择权、参与权的同时，还应考虑给予这些权力一定的权限，确保学生正确使用知情权、选择权和参与权。

2. 树立个性教育的观念

据一项有关大学生创造性人才观的调查结果表明，影响创新人才的 10 项因素中，"独立性"被大学生认为是最重要的。独立性又由"有个性、有创新意识、敢于怀疑权威、有主见不盲从、有预见性和超前意识"几项因素构成。可见，一个创造者的成功与否，往往与他的个性有内在联系。终身教育理论的创始人、法国著名教育家保尔·朗格朗指出，"教育工作者再也不应该是多少有些天才的知识传授者，而是培养个性的专家"。为了充分发展学生的个性，挖掘其创造潜力，高校应转变教育思想，树立个性教育的观念。个性教育就是在教育教学过程中，教育者尊重受教育者的个体差异、突出其主体地位，促进个性自主和谐发展。实施个性教育可通过尊重学生的个体差异、突出学生主体地位以及建立新型师生关系三条途径实施。

首先，尊重学生的个体差异。尊重学生的个体差异，一方面，要承认人无全才，但人人有才，教师和教学管理人员在教育教学过程中要充分考虑学生的生活、经济、文化等背景的差异，按照马克思主义具体问题具体分析的方法做到因材施教，使学生人人成才；另一方面，要理解学生的奇思怪想和标新立异。学校应有宽松的环境让学生自由发表言论、阐述思想、探索新知。学校对个别学生的特立独行、标新立异等行为应给予理解、尊重和保护。苏霍姆林斯基说："只有承认这种个性差异，才有利于对每一个学生进行教育，才有利于发展学生的自尊心，学生的个性在教育中能否得到发展，将影响到学生今后是否具有自觉思考、独立判断、敢于质疑、主动探究、勇于探新、善于探索、积极参与、勤于实践的创新精神与创新能力。"

其次，凸显学生的主体地位。凸显学生的主体地位，发展学生的个性与主动性，可以克服学生思维中存在的从众定势。凸显学生的主体地位可通过增强其主体意识和发展其自我意识两方面进行：一方面，在教育过程中，教师通过增强学生的主体意识，培养和提高学生在教育中的能动性、创造性、自主性，使他们成为具有自我教育、自我管理和自我发展的主体；另一方面，发展学生的自我意识。教师在教学中，引导学生正确地认识自己、评价自己，鼓励学生大胆地提出自己的看法，而不受教师所谓的标准答案的制约。最后，建立新型师生关系。新型师生关系指以学生为主体，教师为主导的师生关系，即学生在教学活动中将有更大的主动性和自主性。建立这种师生关系，一要树立新的学生观，就是要承认学生是一个不断自我发展、自我完善的独立的人。教师要改变因学生的所思所想或所作所为与自己的想法或要求不一致，而对该生给予否定评价的做法，正确看待学生各自不同的思维方式和行为特点，正确对待他们在成长中存在的问题和错误。二要加快教师自身角色的转换。教师要以人格魅力吸引学生，以渊博知识感召学生，通过不断完善自己得到学生的爱戴，而不再以神圣不可侵犯的"权威"形象出现。杨福家曾说："教师要做学生头脑里火种的点火者，而不是灭火者。"因而，教师应努力改变师生之间原有的"权威-服从"式关系，克服学生思维中"唯师""唯上"的权威定势，将学生视为独立的个体，尊重其独特个性，最终形成相互激励、教学相长的师生关系。

高校只有按照"以人为本，以生为先"的教学管理思想，尊重学生的自主权和树立个性教育观念，才能为学生创造个性的发展提供足够的空间，才能充分挖掘学生的潜力，才能培养出具有创新精神和创新能力的人才。

(二)建立以学院制为主体的教学管理体制

建立以学院制为主体的教学管理体制，首先要根据学校学科专业发展的实际及其要求设置学院。设置学院后，注意校、院(系)两级管理体制在职、责、权的划分、院(系)管理自主权的扩大，以及学校对院(系)教学管理的重视三个方面的问题。

1.明晰校、院(系)两级职责权的划分

我国高校的学院要建设成为大学的人才培养、学科建设、科学研究和管理指挥中心，校、院(系)两级必须遵循职、责、权相统一的原则，职、权、责三者应结合成一体，克服那种"有职无权""有责无权"，或"有权无责""有职无责"等不利于提高工作效率的状态。

大学的校级领导和各职能部门必须从以往包揽各种日常管理事务的状态中解放出来，改原先的过程管理为目标管理，减少对教学、科研等具体工作的干预。校级决策部门实行目标管理的基本方法是，根据一定时期内教育事业的发展方向，确定学校的办学方向和发展总目标，然后将总目标向院(系)执行机构层层分解，逐级展开，通过上下协调制定各层次的具体分目标，以学校的总目标指导分目标，用分目标检查各部门和所有个人的工作。作为决策层，校级管理部门的主要职责是：掌握党的方针、政策，把握学校的办学方向，明确未来发展的目标和重点；规划与设计人才培养方案、制定教学管理与学籍管理制度、评估专业和课程建设、建立教学质量保障及监控体系；保障重点实验室、图书馆和网络中心等共享资源的建设与管理；超越学院层次组建跨学科的科研中心与重大科研项目组，加强更大范围学科间的横向交叉综合等。需要注意的是，校级管理部门对重大问题做出决策之前，应充分发扬民主，广泛征求学者、教授的意见，充分发挥学术委员会、教学委员会等各个委员会在决策中的作用。

院(系)根据学校的总体发展方向和各项工作部署，制定该院(系)的中长期发展方向和目标，规划、协调各学科的建设，统筹调配院(系)的人、财、物，各种资源得以综合利用。同时，学院不能仅局限于校内，要走出校门、走向市场。根据社会的发展需要，妥善处理好学院与社会、学院与企业的关系，动员和利用院(系)的资源与相关产业进行广泛的联系。院(系)级的职、责、权包括：兼有承担基层行政管理和从事教学科研活动的两重职责；拥有教学、研发、机构设置、人事调配、奖金分配等方面的责权；负责管理、监督下属系部的各项教学、科研工作。

2. 扩大院(系)管理自主权

校、院(系)两级教学管理体制要做到职责权一致，院(系)所拥有的职责和权力必须相称。鉴于我国高校决策权集中在校级，院(系)级有责无权的现实情况，学校应将教学管理的权力适当下移，如培养方案的制订与实施、专业的设置与调整、教学经费的管理与使用、组织人事管理、自主配置资源、内部机构设置、实践实验基地管理、对外合作交流等，以扩大院(系)管理自主权，提高管理效率和办学效益，更好地履行大学为社会培养人才的职责。

由于我国在建立学院制之前，实行的是校、系、室三级管理体制，而管理权主要集中在校级部门，系和室只有较少的权力，因此，扩大院(系)管理自主权的主要途径是校级部门授权，其次是系、室级交权。从行政管理学角度来看，授权通常体现在两种层次：一是决策层次的授权，即把一部分决策权授予下级行政机关或职能机构；二是执行层次的授权，即允许下级行政机关或职能机构在一定范围内自主完成工作。如果学校从执行层次上授权，学院则是虚体学院；如果从决策层次上授权，学院则是实体性的。随着教学改革的逐步深入，虚体学院向实体学院呈演变的趋势。虚体学院要向实体学院转变，校级部门对其授予决策层次的权力是转变的有效途径。

校级职能部门在下放权力时，应做到学术权力下移为主，行政权力下移为辅，以突出学院的学术功能。学校将属于学术范围的权力下移到院(系)层次，如设置专业与课程、申报科研项目、管理学生、聘任教师的权力等；将一定的资源分配权、机构设置权以及人事权等属于行政范围的权力下移到院(系)一级。与此同时，校级职能部门以实施计划、监督、调控服务为主，领导和监控学院的工作。

扩大学院的管理自主权在一定程度上改变了决策权集中在校级部门的

现象，为分层决策的实现提供了条件。实行学院制，关键就是管理权力必须真正下放到学院，否则学院制起不到应有的作用。

3.落实教学管理在院(系)中的核心地位

学校重视院(系)的教学管理工作，可从保障教学经费有效投入、开展教学管理的研究以及提高教学管理人员的素质三方面着手。

首先，保证教学经费有效投入。对于院(系)对外科技服务和短训班的收入，学校按总收入的一定比例上缴，剩余的留给院(系)做教学经费，对于急需项目的教学经费，学校每年给予专项保证。

其次，开展教学管理的研究。对教育教学管理知识贫乏的教学管理干部，学校对其进行相关培训，增加相关专业知识。教学管理干部将日常工作中积累的经验与实践相结合，使其经验得到升华，为其他教学管理人员的工作提供理论基础和实践经验。

最后，提高教学管理人员的素质。为了提高教学管理人员的素质，学校和院(系)领导要支持他们积极参加各种业务培训，学习教育科学理论，掌握管理专业知识，掌握现代技术手段。在条件允许的情况下，在招聘教学管理人员时就将是否具有教育科学理论、掌握管理知识和现代技术手段作为考核条件，把好入门关。

从全面直接管理到两级教学管理，是教学管理模式的重大转变。在改革的过程中，校、院(系)两级应理顺关系、明晰职责权的划分，校级职能部门应下放适当的权力给学院，确保教学管理在院(系)诸多管理中的核心地位。只有这样，院(系)才可能在学校的大政方针指导下，建设成为培养创新人才的中心，从而为创新人才的培养提供良好的环境。

(三)健全学分制教学管理制度

高校可以从选课制、导师制、弹性学制和三学期制四个方面健全学分制教学管理制度，并发挥学生的自主性、尊重学生的差异性、调动学生的积极性以及培养学生的全面性，最终帮助学生养成良好的思维习惯、构建合理的知识结构。

1.完善选课制，发挥学生的自主性

选课制是学分制的基础，选课制允许学生在学校规定的范围内自由选择专业方向、选择课程、选择教师、选择上课时间和自主安排学习进程。如何设置选修课程，如何安排选修课的比例，学生能有多大的选课自主权等，已成为研讨学分制问题的焦点。因此，选课制主要从增加选修课数量、提高选修课质量、加强选课的管理和指导三个方面进行完善，不仅为学生提供大量高质量的选修课程，而且为培养具有创造性才能的学生奠定坚实的知识基础。

2. 完善导师制，尊重学生的差异性

导师制是成功实施学分制的关键。实行导师制的目标就是发展学生个性，通过为学生制定个性发展策略，跟踪学术需求，从而提高学生学习的积极性和持久性，达到提高教学质量的目的。根据师资力量制约学分制顺利实施的原因分析，目前我国高校在推广导师制方面还有待加强，可从组织、思想以及数量三方面展开工作。

首先，建立指导教师委员会。为了方便导师工作的组织和管理，学校应建立指导教师委员会，各院（系）则建立指导教师工作组。委员会由各工作组负责人和学校相关职能部门负责人组成，主要负责召开会议，听取汇报，解决问题，布置工作。工作组的主要任务是选聘导师，明确职责，制订工作计划，定期反馈信息，交流工作经验以及期末评估。导师授聘期间指导学生的工作要计算工作量，并与其年度考核及酬金分配挂钩；工作业绩要记入教学档案，作为提职晋级的依据。

其次，扭转部分教师认为本科教学管理并非自身责任的观念。一要加强认识实施学分制的重要性，了解实行导师制的必要性，从思想上重视、行为上配合导师制的顺利推行。二要认识到教学和科研之间是相辅相成的关系。教学、培养人才是高校的基本任务；科研是提高教师水平、教学质量以及办学水平的关键。教学与科研的结合是培养创新性人才的需要。导师除了担负一定量的教学和科研任务外，还要了解学生的学习情况、选课情况、成绩情况，解决学生在学习方法、专业知识等方面的问题。同时，导师要通过言传身教和人格魅力的感染，对学生进行潜移默化的思想教育。

最后，实行班级导师制。与导师一对一的交流能促进学生的有效学习，但是，鉴于我国高校教师的数量有限，且学生数量众多，难以实行真正意义上的导师制。针对这种现象，高校可实行班主任与导师相结合的班级导师制。

通过实行导师制，可以培养学生的独立思考能力，不仅有助于学生的学业，而且有助于通过迁移培养学生的其他能力。

3.实行弹性学制，调动学生的积极性

弹性学制是以学分制为基础的教学管理制度，只要修满了学校规定的学分，允许学生提前毕业，也允许家庭经济困难或有志创业的学生中途停学工作或创业，而延长学习年限。鉴于此，高校应建立灵活的弹性学制，以改变现行学籍管理制度对学分制的影响，从而调动学生的学习积极性；弹性学制的建立，给学生自主确定学习进程以极大的自由度，具体可从以下三个方面进行。

首先，打破专业壁垒。这里所指打破的壁垒，一是转专业难；二是不同专业互认学分难。对于转专业难的现象，高校的各院系可以建立转专业指导小组和评估小组，分别负责为学生提供咨询服务、接受转专业申请并对其考核、评估以决定该生是否适合转专业。转专业只能在学校教学资源允许的情况下进行，不可能完全开放。对于不同专业学分互认的情况，高校可以打通主、辅修界限。对于学有余力，在规定学制范围内选择辅修专业的学生，如果未能达到该专业的全部要求，但已修合格的课程应可作为其主修专业的选修课学分。打破专业壁垒不仅能弥补专业设置过窄、专业选择过死的弊端，而且能满足学生的学习兴趣，激发其学习积极性。

其次，模糊学习年限。在学年制下，假设所有的学生都处于同一起跑线、都具有同样的学习能力，在同样的时间内完成同样的学业。这种做法违背了因材施教的原则，高校应使学习年限具有灵活性，任学生自己自由选择。第一，允许学生延长学习年限。学生可在规定的学习年限内完成学业，也可延长学习年限，通常在1.5倍或2倍于学制的时间内完成。第二，允许学生分阶段完成学习，可以边工作边读书，也可以先工作后读书。例如，河北经贸大学在教学过程中推出了"让路"原则和"三明治"模式。前者指如遇有意义的社会实践活动与教学相冲突，可适当地暂缓教学，实践活动先行；后者指两个学期或学年之间夹一个学期或学年的社会实践。真正为加强学生实践能力提供了平台和保障。第三，允许学生申请休学或停学，并对此不做过多限制。

最后，改革学位制度。一要改变提前毕业不能提前授予学位的现象。学生修满学分，获准毕业的同时，就可以获得毕业证书与学位证书，否则，提前毕业就无任何实质意义。二要取消离校后不授予学位的限制。对于在校学习期间未修满学分持肄业证或结业证的学生，允许其回学校继续重修不及格课程的学分，修满学分立即颁发学历证书，符合学位条件的可同时颁发学位证书。这样，学习的弹性可以从在校期间扩展到离校以后。

虽然这种创新加大了管理人员的工作量，但为学生带来了方便，使其在校期间能充分发挥主动性、积极性和创造性，体现了教学管理以生为本的原则。

4.实行三学期制，培养学生的全面性

高等教育的改革和发展随着社会的进步逐渐推进。中华人民共和国成立以来，我国高校一直采用的两学期制教学管理制度渐渐跟不上时代的步伐，不能适应正在全面推行的学分制改革。为增强学期制对学分制的适应性，高校可将原来的两学期制变为三学期制，以解决选修课与必修课、理论课与实践课之间的矛盾。高校实行三学期制需要解决三学期的学期划分和夏季学期的课程设置、夏季学期的师资安排以及学校教学与后勤管理等方面的问题。

三学期制的学期划分。三学期制指一学年包括春、夏、秋三个学期，其中夏季学期是在原来的春、秋两学期各缩短两周的基础上增加的。秋季学期一般9月中旬开学，春节前半个月结束；春季学期通常在春节后10天左右开学，6月中下旬结束；经过一周的休息后进入为时8至9周的夏季学期。在推行三学期制的过程中，要突出夏季学期的特色，而不能将其作为学期的续延。

夏季学期的课程设置。夏季学期的课程分为四个部分，学生可以根据各自的需要选择不同内容。第一部分，开设选修课。夏季学期开设的选修课应遵循课时短、内容新、难度适宜的原则，学生则应遵守选课要求。在夏季学期内，学生可以自由选择修读的课程。开课三天内为学生的试听阶段，试听后要确定选课方向。所选课程一旦确定，就必须修满该类课程所规定的学分。夏季学期的成绩纳入学籍管理，达不到规定学分者，不能如期毕业。第二部分，设置实践性强的课程。利用夏季学期相对集中的学习时间，安排不易分散教学的实验课程与实习、组织学生进行社会实践，培养学生的实践能力。第三部分，安排学术专题与讲座。充分利用夏季学期聘请国内外专家、学者进行学术报告或专题讲座。第四部分，开展外语活动。加强外语的应用能力，为适应双语教学和日后就业的需要。除了以上课程外，对于具有科研能力的学生，还可利用夏季学期集中参与教师的科学研究，以培养科研能力和创新能力。

夏季学期的师资安排。一方面，可合理安排校内资源。实行三学期制后，随着春、秋两学期的学时缩短，教师讲授课程的内容也相应地有所精简，也就减少了原有的课时。教师为保证完成规定的教学工作量，必将主动开设适应社会需要、学科发展需要和学生需要的新课程。另一方面，充分利用校外资源。聘请国内外知名学者来校讲座或开设短期课程，丰富课程内容，拓宽学生视野，同时，增加本校教师进行高层次学术交流的机会。

(四)构建高校教师培训体系

高校教师培训指我国各类高校中进行的师资教育。通过培训教育提高师资水平，不仅能切实保证教师的教学质量，而且能保证培养学生的质量。随着教育改革的不断深化，虽然我国高校教师培训工作取得了重大进展，但在培训过程中仍然存在一些问题，阻碍了创新人才的培养。

教师培训过程中出现的问题表现在三个方面。第一，注重业务培训，忽视师德培养。无论学校组织培训，或教师参加培训，其功利性均较强，培训内容多倾向于为提升学历、评审职称、出国进修做准备，不够重视师德培养。即使高校进行师德培训，也只是短短几天的"教师职业道德修养"课堂讲授，不足以全面提高教师的职业道德修养和思想政治素质。第二，注重学历培训，忽视非学历培训。教师培训过于关注教师更高学历的获取，而忽略教师综合素质的培养。第三，注重培训过程，缺乏培训考核。高校教师培训工作注重过程，对教师培训的整体绩效缺乏检查、监督、评估机制，难以达到教师培训的预期效果，影响教师教学水平和教学能力的提高。这些问题使教师培训失去了原本要提高教师思想素质、教学水平以及综合能力的意义，使创新人才的培养受到阻碍。

高等学校师资培训工作要坚持立足国内、在职为主、加强实践、形式多样、以中青年教师为主、以高层次培训为重点的原则，加强师德教育，提高教学和科研能力，推动学校发展。构建教师培训体系包括培训对象、培训形式、培训内容、培训考核与评估以及培训经费等内容。

（五）协调教学与科研的关系

协调处于失衡状态的教学与科研之间的关系，就要明确学校的定位，调节教师的心态，建立公平而有效的评价机制以及促进教学与科研的相互转化。

1. 明确学校的定位

如果将大学分为研究型大学、教学研究型大学以及教学型大学三类，那么各类学校的侧重点肯定不同。研究型大学虽然较其他大学更多地从事与国家长远利益相关的基础科学研究以及国家重大科研项目的研究，但同样要重视教学，给教学效果良好的教师以应有的学术尊重。

2. 调节教师的心态

部分教师感到只专心教学既没有前途，又没有"钱"途，得不偿失，而专心科研则能名利双收。对此，学校应调节教师的不良心态，改变其急功近利的思想。一要从外部进行调节。学校要提高对教学的认可程度，与科研型教师相比，教学型教师也应获得相同的尊重和享有同等的地位，树立教学水平也是学术水平的观念，建立公平有效的评价标准等。二要从内部进行调节。高校教师应加强自身的道德修养，以正确的道德规范看待现实的利益关系，处理好教学和科研之间的利益矛盾，在工作中协调教学与科研的关系，使之平衡发展。

3. 建立公平而有效的评价机制

如果将教学水平视为学术水平中的一种，就必须有衡量教学水平和教学效果的科学方法。依据学校的办学特点，权衡教学与科研在教师评价中的比例，同时参考教师的教学工作量、教学水平与效果、创造性思维、和谐发展的人格，从教育价值、学术价值、社会价值各方面综合考虑，建立科学的评价指标体系。评价指标体系包括评价主体、评价方式、评价内容以及评价标准四个方面。

4.促进教学与科研的相互转化

由于学校既不是企业也不是科研院所，因此，在大学里从事科研工作应该与培养学生联系起来，不能脱离教育学生这个"本"而从事科研活动。联系科研与学生的纽带就是科研与教学的相互转化。

科研成果对教学的转化可以通过以下方式体现：教授和学科带头人为本科生上课、举办讲座；教师上课不仅传授已有的学科知识，而且应把最前沿的学科动态介绍给学生；教师将科研成果编进教材、带入课堂、带进本科教学实验室；教师采取研究型教学，加强师生互动，让学生主动参与获取知识的过程；吸收高年级本科生参与科研，培养其科学精神和创新能力；积极开展大学生课外科技活动，加强对学生的创造性实践与训练。教学向科研的转化则通过科研项目来源于教学的方式表现，即教师在教学和教学实验的过程中发现新的科研方向；在指导学生毕业设计、毕业论文或实践科目的过程中得到攻克难题的启示；研究新的教学方法满足教学改革的需求。诚如雅斯贝尔斯所说："只有自己从事研究的人才有东西教别人，而一般教书匠只能传授僵硬的东西。"大学教师，特别是高水平教师，要尽量多传授自己的"原创作品"，即科研成果，教师的科研成果越多，教学内容就越丰富。协调好教学与科研之间的关系，不仅有利于教师教学与科研水平的提高，而且有利于创新人才思维能力、科研能力以及创造能力的培养。

二、高校教学管理体制创新的实验研究

面对急剧变革的社会对人才不断提出的高要求，高等教育面临着前所未有的挑战。高等院校从各方面进行着日益广泛和深刻的变革，建立教学改革实验班(以下简称教改实验班)就是其中之一。

(一)教改实验班教学管理体制的创新

尽管各高校教改实验班在办班形式、培养模式、管理方式上有所不同，但其培养目标却惊人地相似。各实验班的培养目标可综述为，培养拥有坚实基础、富有创新精神和实践能力、具有国际竞争力的高素质复合型

人才。为了完成这一目标，各教改实验班在教学管理体制上进行了如下创新。

1. 教学管理思想创新

"十年制高等教育"是指将本科教育和研究生教育融为一体，在本科教育阶段仍然以基础教育为主，至研究生教育阶段再进行专业教育。"十年制高等教育"理念是一种新思想，但由于各高校的实际情况存在差异，该思想并不适用于所有教改实验班，具有一定的特殊性。

2. 教学管理方式创新

在教学管理方面，教改实验班有别于其他普通班级，它采取了分段式教学管理，这种方式将整个教学计划分成基础教育和专业教育两个阶段。在基础教育阶段，即入学后的第一、二年，学生不再像以往那样先分专业，而是按大类学习规定的课程，共同接受基础教育。在第三、四年进行的专业教育阶段，实验班学生按所在专业的培养计划接受专业知识的教育，并可在学有余力的情况下，提前参与科学研究。

3. 教学管理制度创新

设有教改实验班的高校在这块"试验田"里完全实施学分制。以元培计划实验班为例，该班实行的是在教学计划和导师指导下以自由选课为基础的学分制。实验班学生在进校后第二年配备导师，导师根据学生的特点、特长和志向指导学生选专业、选课、制订个人学习计划，对学生从入学到毕业进行全程指导。在导师指导下，学生根据自己的情况安排3~6年的学习计划，少则3年即可毕业。若在4年内仍未完成本科阶段的学习任务，则4年后仍可继续修读，直至修满学分毕业。第二学年末或第三学年初，学习成绩合格者可以在学校教学资源允许的情况下自主选择专业。

4. 教学管理过程创新

教学管理过程创新包括加强基础淡化专业、聘用最优秀的教师以及培养科技创新能力三个方面。

首先，加强基础淡化专业。教改实验班按大类招生，不分专业，采用"加强基础、淡化专业、因材施教、分流培养"的办学方针，充分利用综合性大学学科齐全的优势和良好的教育资源，实践本科阶段低年级基础教育和高年级宽口径专业教育相结合的教育理念，突出基础、能力、素质三要素的全面培养。其次，聘用最优秀的教师。各高校的教改实验班为学生配备了全校最好的师资。最后，培养科技创新能力。建立教改实验班的高校为该班学生创造了参与学术活动和国际交流的机会，以培养他们的科技创新能力。

（二）教改实验班教学管理体制创新的启示

由于教改实验班在各高校是教学改革的"试验田"，承担着先行者的任务，学校对此又给予了各项优惠政策，因此，尽管她在教学管理体制上多有创新，并显现出其优势，但限于学校的条件，短期内并不适宜在全校范围内推广。暂时不能推广并不等于否定了教改实验班的管理创新，恰恰相反，实验班的成功表明了我国高校教学管理体制今后需要努力的方向。

1.改革教学管理制度

对于学生而言，教学管理制度需要进一步改革的内容是，在现行的学分制和学年学分制的基础上，实行更为自由的选课制、更利于学生学习的导师制以及按学分注册、缴费、毕业的学籍管理制度。对于教师而言，教学管理制度应在培养教师的创造性，营造有利于教师创造性发挥的宽松环境两方面继续努力。

更为自由的选课制是学分制的核心。学生在导师的指导下，对于选择专业、课程、授课教师和学习进程有较大的自主选择权。导师制要求在全校范围内选聘导师，副教授、教授均可为本科生担任学业导师。每学年对导师进行一次年度业绩考核，考核结果作为职称晋升、岗位聘任的基本条件。按学分收费将是全面实施学分制后的必然趋势。例如，新生第一学年不参加选课，就按照国家规定的标准收取培养费。第二年按所选学分注册，收费金额按目前学年制的收费标准折算的单位学分收费标准计算，以此类推。

在培养教师创造性方面，学校主要采取对教师进行职后继续教育的方式。随着科学发展的日益变化，教师的知识不可避免地要不断更新，否则就不能适应教学的需求。教学管理部门根据学校发展的总目标，针对学科设置的要求，制定教师培训的具体规划。规划的内容包括选拔培训人员的条件和方式、规定培训内容、培训方式、培训时间、培训经费及培训期间待遇等。

在营造创新环境方面，学校可以从物质环境和精神环境入手。创造物质环境就是加强硬件设施，为教师创造良好的工作环境，如建立设备先进齐全的科研实验室、教学研究室，加强多媒体教室的建设，加强校内信息网络、图书馆、科技资料室的建设，美化校园环境等。精神环境就是营造一种民主、公平、自由的氛围，如尊重教师的人格和生命价值，客观评价教师的教学科研工作业绩，重视教师的科研成果和劳动价值，容纳教师的不同学术观点等。

2. 改变教学管理模式

随着"以人为本、以生为先"教学管理思想的逐渐渗透，高校将加大改革步伐，使"以教师为中心"的教学管理模式向"以学生为中心"的管理模式转变。其具体表现为两段式教学管理、参与学术研究以及加强对外交流。

第一，两段式教学管理。为了达到高校培养具有厚基础、强能力、高素质人才的培养目标，高校教学管理部门将按照"强化基础、淡化专业"的观念，实行以通识教育与专业教育有机结合为核心的两段式教学管理。对于两段式教学管理，不同学校采取的方式各有差异，一般分为 2+2 模式或1+3 模式。

第二，参与学术研究。吸引学生参与学术研究的出发点在于充分利用本校的教学资源、高水平的师资队伍和雄厚的科研实力，为学生提供科研训练平台，以利于培养学生的创新思维、创新精神和创新能力。学生参与学术研究可以通过三种形式进行。一是参与导师的课题研究，以获得导师的言传身教；二是参与学校的科研训练项目，以培养团队合作精神和实践能力；三是参与各种学术沙龙、学术报告会以及学术交流活动，以增进对该学科前沿的了解。

第三，加强对外交流。高校应努力扩大对外交流，使学生获得全新的体验、拓宽视野、增长知识、提升看问题的高度、为提高国际竞争力打下良好的基础。学校应积极拓展各种渠道，为本科生在校期间出国交流提供更多的机会，如校际、校企以及国际之间的交流。交流形式包括短期课程学习、短期培训、技术实践以及文化交流。

第五章　新时代我国高校教育管理的创新发展

第一节　新时代对高校教育管理的创新

一、新时代的基本内涵

在信息时代背景下，数字终端、云服务、微博、微信等新媒体兴起，信息数据呈指数增长趋势。目前，大数据没有统一的定义，但学术界基本上认为大数据主要是指软件和硬件工具，程序及相关的感知、采集、加工、管理和服务方面的数据。它具有低密度、多样性、规模性和高速性的特点，可分为结构化数据、半结构化数据和非结构化数据。在信息时代，大数据已经成为一种重要的生产要素，人力资本、实物资产等将成为提升竞争力的重要因素。大数据的主要内容是利用科学、先进的技术和方法挖掘出数据对象更具价值的信息。新时代不仅要掌握数据，还要使用数据。在教育领域，远程教育迅速发展，LMS 算法得到了广泛应用，是更大的数据和更广泛的应用。

在分析整个教育产业发展的基础上，大数据不但有利于提高信息技术水平，而且有利于创新教育管理和教育管理理念。

二、新时代对高校教育管理的创新

(一)新时代对高校教育模式进行了创新

传统的高校教学模式虽然大多数的课程是开放的，允许非专业的学生传播。新时代将从根本上改变这种集中教学模式。

(二)新时代对高校教育的评价模式进行了创新

在教育评价中利用大数据进行分析，从而提升高校教育的综合质量。新时代的到来使得教育的评价不再局限于主观判断和个人的经验之谈，而是变为一种具有数据支撑的客观评价，既可以对各类教学平台上教师课程的点击量进行统计，也可以通过活跃度调查来对整个教育评价进行数据分析。

三、新时代技术在高校教育管理中的应用

高校的主要任务是培养更多适应社会发展的人才，所以高校的教学、科研和管理都要紧紧围绕人才培养的任务。然而，传统的教育模式主要基于先验教育，不注重学生个性的培养。同时，国内高校之间存在着很大的差距，学生和教师的数量并不协调。美国教育部采取教育数据挖掘，并对其他大数据技术进行分析研究，发现教师通过大数据技术可以更好地、更全面地了解学生的学习过程，总结出最佳的教学方法和教学秩序，及时发现问题，并采取有效措施，及时为学生提供个性化的学习服务。在学校管理决策中，大数据技术可以起到重要的激励和支持决策的作用。大数据可以在数据与数据之间的关联中找到规则，而不是证明规则，主要依据发现的内在性能数据来开发大数据应用思想，为决策提供一些指导。

第一，服务对象。学校可以通过大数据建立广泛的师生服务体系，消除信息孤岛效应，建立系统的数据分析中心。建立统一的数据中心、发展信息共享机制是推动大数据发展的重要基础。时刻关注师生日常学习、内部生活和学校各部门的管理，明确数据趋势，可以为学校制定管理政策提供科学的数据。

第二，校园环境。目前，高校已经开展校园信息化建设，在校园内建立感知终端，实现物联网。例如，图书馆借阅系统、校园门禁系统和校园一卡通终端数据可以为学校开展各项活动提供重要依据。此外，我们可以观察和分析数据的变化趋势，掌握整体的发展规律。

第三，数据仓库。新时代，大部分数据事先不确定。数据仓库能够更

好地处理和分析数据，以适应时代的需要。

第四，云计算。云计算结合了负载均衡、虚拟化、分布式计算、网络存储等技术，不仅能更好地满足大数据存储和计算的要求，也能更好地保证数据的安全性。

第二节　新时代对我国高校教育
管理的影响及对策

一、新时代对我国高校教育管理发展带来的双重影响

当前，文明世界面临史无前例的大数据狂潮，其奔涌之疾、升腾之烈，不似海啸，胜似海啸。人们欢呼，因为它是摧枯拉朽、一往无前的狂潮，将以势不可当的革命性力量开辟新的天地；人们恐惧，因为它是无的放矢、漫无方向的野马，有着难以预想的破坏性力量。

此时此刻，人类需要冷静，人类必须理性。大数据、云计算等信息技术到底是让我们生活得更好的"阿拉丁神灯"，还是会释放无数危险的"潘多拉魔盒"？波普尔说："科学进步是悲喜交集的福音，很少有例外。"埃吕尔曾指出："技术发展的有害后果与它的有益结果是不可分割的。"尼葛洛庞帝指出："每一种技术或科学的馈赠都有其黑暗。"同其他技术一样，大数据对高校教育管理也带来双重效应：积极影响和消极影响。大数据技术是高校教育管理创新的福祉，也为隐私保护、伦理道德等带来了前所未有的挑战。

（一）大数据对我国高校教育管理带来的积极影响

大数据给高校数据采集、治理模式、教育教学、考核评估、资源调控、智慧管理及智慧科研等方面带来革命性的力量。

1. 数据采集：关注过程、关注微观

局限于技术、人力和物力，传统高校数据采集主要以管理类、结构化和结果性的数据为重点，关注教育的整体发展情况，这种反馈机制在一定

程度上对高校教育决策、规章制度的制定起到了积极作用，但是对学生、教师、科研的实时掌握情况却远远不够，对于不好的结果也不能提前预测和预防，而多是事后补救，从而使高校教育管理处于被动局面。随着大数据技术强力渗透到各行各业，高校教育数据采集将面临新的变革。互联网、物联网和大数据技术支撑下的高校智慧校园，不仅在采集数据的数量上超越了传统高校，而且在数据的质量及价值方面都具有传统高校所不可比拟的优势。

高校教育管理大数据具有非结构化、动态化、过程化及微观化的特点，处理程序更加复杂、深入和多元化。学生的学、教师的教，一切活动都处处有迹。数据流源源不断，在数据分析师的加工下，产生源源不断的智慧流，从而促进高校教育管理更加科学化、人性化。高校大数据采集和管理宗旨是：功能是必需，情感是刚需，以人为本。然而，由于高校教育管理对象及活动的复杂性，加上缺乏商业领域的标准化业务流程，导致高校教育管理大数据的采集活动呈现复杂性的特点。在高校教育管理大数据的分析中，特别强调因果关系，虽然国际大数据专家舍恩伯格认为更应注重相关关系，但是教育是以培养人为根本目标的，它不同于商业数据，无须追根求源，教育大数据不仅要"知其然"，更要知其"所以然"。

通过技术分析和处理，挖掘高校教育管理大数据所体现的规律，发现、揭示问题背后的根本原因，最终寻找破解之道、应对良策，从而更好地提升高校教与学的活动效果。

2. 治理模式：民主治理、集思广益

利用数据进行决策已经在管理中形成共识。《哈佛商业评论》调研结果显示：700名参与调研的高层管理者中，有75%的人认为他们在部分决策上依赖数据分析；40%的人认为采用数据分析的结果进行决策，提升了他们工作的重要程度以及在企业中的地位。

新时代，高校决策模式、治理模式都将面临转型。传统高校治理属于"精英治理"，受限于校园信息化程度和智能化程度不高，学校各项事业如发展方案、措施、策略等不能广泛传达至师生，民主意识较强的管理者可能会召开一个小范围的研讨会，或者以开会的形式传达，而这种正式会议过于严肃和拘谨，缺乏自由、轻松的氛围，不利于异质声音的表达，也就意味着不能将群众的声音传递到决策者的耳中。在以互联网、物联网、云计算、大数据及移动终端为技术支撑的智慧校园中，则可以实现高校由"管理"向"治理"的转变，更好地实现治理的民主化、科学化。高校管理者与师生不受时空限制的互动交流，至少有四点优势：一是收集有利于学校发展、各项业务完善的群众智慧；二是传达学校的发展战略、思路，形成上下合力；三是拉近干群距离，将各种矛盾化解在萌芽之中；四是决策处处留痕，实现阳光政务，防止权力"任性"，促进决策的规范化、科学化。

3.教育教学：及时反馈、因材施教

利用大数据技术开展翻转课堂教学改革或在线教育，是当前高校教育管理变革的重要内容。高校学生数量庞大，既是运用信息技术的主要群体，也同学生对各个知识点的不同用时、不同反应来确定要重点强调的知识，决定定制。私人定制即借助适应性学习软件，通过相关算法分析个人需求，为每一名学生创建"个人播放列表"，且这种学习的内容是动态的。通过大数据分析，对提高学生个体学业成绩需要实施的行为做出预测，决定如何选择教材，采取什么样的教学风格和反馈机制等。大规模个性定制指根据学生差异对大规模学生进行分组，通过相同测验，有更多相似性的学生会被分在一组，相同组别的学生也会使用相同的教材。大规模个性定制教育的成本并不比批量教育的成本高出许多。

4.考核评估：动态评估、全面多维

"刻舟求剑、刮目相看、盲人摸象"这些蕴含着中国智慧的成语告诉我们：要用运动的、全面的眼光评价事物。作为"科学""先进"的社会群体符号代表的高校教育管理者，对学校的办学水平及教与学的成效评估更要体现科学性和人文性。从数海中找到当前教育管理问题及其影响因素和根本原因，用易懂的数据关系诠释深刻的哲学道理，是新时代的重要特征。大数据促进高校教育管理评估从注重经验转向注重数据，从注重模糊宏观转向注重精准微观转变，从注重结果转向注重过程。高校教学活动是大数据评估最常用的领域，从广义上理解，高校大数据应是人类学、社会学、社会关系学背景下的大数据。高校内部大数据系统一定要与外部社会大数据系统建立起融合关系或者链接关系，这样才可能从知识、情感、能力、道德等方面全方位、多维度了解学生，制订人性化发展方案，有效避免以学习为中心，更好地实现以素质为中心的教育旨趣，才能更好地培养符合社会需求的高水平专门人才。

首先，高校利用大数据技术，对人才培养、产业发展及社会信息等数据的采集要提前布局，要有连续的数据作为支撑，每个地区的生源情况、就业情况，只有连续的动态数据，才能从数据中预测经济发展、社会人才需求、高等教育的未来发展趋势等，及时调整学校的发展战略，促进人才培养模式的改革。

其次，大数据技术可以实现考核评估的革命性改变，高校教育管理者利用回归分析、关联规则挖掘等方法，帮助教师对学生学习状况、思想状况、社交状况等进行全方位的掌握，关注学生成长的过程，实现评估的全方位和立体化，从而优化教育管理策略，提高教育管理效果。哈佛大学2011年研发的学习分析系统，是一种基于云计算的学习分析系统，包括数据采集、数据存储、数据分析和数据呈现四个模块，能将学生学习任务的相关数据可视化，并呈现到教师的设备屏幕上，便于教师对课堂教学的及时调控，这种分析系统已在俄亥俄州立大学(The Ohio State University)、康奈尔大学(Cornell University)等大学中推广。

最后，利用大数据技术可以建立起教师科研、教学的预警机制，对教学质量监控、科研趋势等设置报警区域，达到设定的域值，系统自动报警提醒管理人员重点关注一些教师。基于大数据技术，创新高校教育教学评估体系，使之更加多元化、智能化、个性化，实现由传统基于分数的评价转向基于大数据的评价，由传统的结果评价转向过程评价。

5.资源调控：优化组合、注重效能

推进高校资源大数据平台建设，有利于对有限的教育教学、实验室、教室等资源进行重组、分配和优化，从而使教育资源具有新结构、产生新功不高，而有的实验室却人满为患，学生急于寻找实验室而受限于信息缺乏或者人为设置的障碍无法获得资源。与之类似，教室、图书馆的阅览室也存在这样的"两极"现象：有的空荡无人，有的却排队、占位甚至产生矛盾、争执。高校资源大数据平台可以很好地解决这个问题。

首先，大数据中心、建设要从理念上打破所有教育教学资源，如实验仪器、图书等硬件资源的固定归属，从学校整体层面进行调控。

其次，依托物联网、通信、信息、控制、大数据、云计算技术对资源进行科学调配和利用，从而实现管理由"模糊化"向"清晰化"、由经验化向科学化的转变。

最后，通过大数据平台实现学生对学习资源和生活资源的方便、快捷获取。我国诸多高校在教育教学资源管理智慧化方面已做出有益的探索。

6. 智慧管理：柔性管理、注重权变

大数据促进智慧学生工作，是大势所趋。

其一，高等教育转型和高等教育普及化发展，对高校学生工作管理者提出更多的挑战。高等教育普及化使得高校学生规模逐年增加，专职学生管理人员的增比远远不及学生规模的增比，学生工作的繁杂性和艰巨性大大增加。

其二，在信息技术浪潮的冲击之下，学生工作管理者的话语权正在被削弱，唯有顺应时代潮流，利用信息技术、大数据技术等优势，才能增强学生工作管理者的话语优势和管理服务效果。

其三，高校转型发展对学生工作提出更高的要求，高校教育管理目前正面临着"由精放管理向精细管理"的转变，传统高校学生管理存在刚性有余、柔性不足的缺点，现代教育管理的发展趋势是柔性化。柔性管理要求以生为本，激发学生发展的内在驱动力、动力持久性和管理权变性。

在小数据时代，高校欲实现柔性管理显得心有余而力不足，不能随时随地掌握学生的学习、科研、生活、社交等信息，且往往历经千辛万苦得到的数据，最后因失去时效而没有意义，导致"赔了夫人又折兵"。建立学生工作综合信息管理和决策平台，能够及时、全面地获取学生工作大数据，能够快速发现问题，及时调整策略，主动实施有效措施，从而使工作更有弹性、柔性。利用大数据技术，可多维度、全方位地为学生画像，分析学生的学业情况、预测挂科、排名突降，动态评估学生消费，精准资助，预测学生毕业去向，引导毕业生个性化、针对性就业。

7. 智慧科研：博采众长、继承超越

"科学是历史的有力的杠杆，是最高意义上的革命力量。"在当前知识加速进化的时代，科学研究已来到"超大科学"的拐点。当科研遇上大数据，就诞生了学术界流行的新理论——"科学研究第四范式"。高校是培育人才、科学研究的重要阵地，高校教师肩负促进知识创新和传播的使命。大数据科研资源平台为高校科技创新主体提供文献资源，数据的收集、文献的查找、资源的获取是高校教师从事科研工作的重要基础。高校科研大数据系统包括科研文献库和科研综合信息管理与决策平台两个部分。

首先，科研文献库是高校科研的重要参考资源。科学的发展离不开交流和讨论，因为科学中有错误和局限性。海森堡曾说："科学扎根于交流，起源于讨论。"波普尔认为，一切科学知识都是猜测的、可错的，批判和批判的讨论是接近真理的重要手段。而讨论是基于科学的、可错性的，科学是一个不断进步的阶梯，今天"正确的"结论，随时都可能成为"不正确的"。信息时代的科学交流除了传统的研讨会等方式外，网上资源的利用、现代科研搜索软件的运用显得更加重要。科研文献库的建立是高校科研人员文献研究的基础，有利于高校教师对已有科研成果的继承和超越，更加体现了"现代科研成果是站在巨人肩上的结果"。一般而言，高校科研文献库越丰富，对科学研究的正影响越显著。

高校科研文献库的建设形式有两种：购买文献资源和自建文献资源。购买资源包括高校的科研数据库中知网、万方、维普、超星、读秀等各种购买的论文、著作、文集等资源；自建资源包括高校特色数据库（如中国水利工程数据库）、大学名师库、测绘文摘数据库、校本硕博论文库、专题数据库等。这些资源对于学校师生的研究和提升具有重要的借鉴与启发作用。

其次，大数据使高校科研活动具有智慧性。高校教师可利用智慧检索软件，对文献信息资源进行学科分析与科研选题，或者跟踪科研进展与定制个性化服务，精准查找、交流、评价，提高研究效率。面向科研评价领域的软件有 Arnetminer 等，面向社会科学领域的软件有 UCINET 社群网络分析挖掘软件，面向功能专题的工具有 Cfinder、C-Group 等，文献搜索分析工具有 blush or Perish，科研合作网的专家检索系统有 Arnetminer，可很好地找出领域专家、作者从事的领域、合作团体等。

再次，大数据有利于提高科研效益。通过大数据技术使高校科研从传统的寻找因果关系转向寻找相关关系，从而减少研究资源的浪费，节约研究的时间，提高研究的效率和成果的可靠性。科学研究就是寻找大自然物理现象背后是什么的工作，大数据技术使之更容易、更接近规律，且节约成本，包括经济成本、人力成本和时间成本。正如舍恩伯格所说："慢速的因果关系分析集中体现为通过严格控制的实验来验证因果关系，而这必然是耗时耗力的。……相关关系分析通常情况下能取代因果关系起作用，即使不可取代的情况下，它也能指导因果关系起作用。""通常情况下，一旦我们完成了对数据相关关系分析，而又不再满足于仅仅知道'是什么'时，我们就会继续向更深层研究因果关系，找出背后的'为什么'。"希格斯玻色子(上帝粒子)的发现、纳米孔基因测序技术、阿尔法狗击败了世界第二围棋高手为代表的 AI 技术……科技史上无一科研的突破能够离开大数据技术的支撑。高校是科研的重要阵地，高校的科学研究也需要借助大数据技术进行数据驱动的决策。

最后，科研管理综合信息与决策平台有利于提高科研管理的科学性和效率性。利用内部、外部信息，进行科研数据的分析，可以消除或减少重复立项、经费安排不合理、项目负责人不胜任等问题，从而促进公平竞争，促进科研资源的优化配置，提高科研资源的使用效益。建立科研大数据平台，包括从外部主管部门科研系统中获得的科研项目的数量、类别与要求等信息，从内部科研数据库中得到的人员、设备、经费、研究经历与研究条件等信息，从 Web 上获得的论文和专利的数量与质量等信息，从项目成果报表上得到的成果转让和奖励等信息。通过科研管理综合信息与决策平台的建立，将各类信息进行整合，对研究课题的科学性、创新性和外部文献库进行综合分析，对申请者所涉及的各项因素进行综合分析，将不合理的因素排除在立项之前，最终为科研项目评估专家提供决策支持。

(二)大数据对我国高校教育管理带来的消极影响

人类历史上每一个技术发明与创造均有"善"与"恶"的两面性。人类的文明进步就是发挥技术"善"的一面、控制技术"恶"的一面。马克思说："技术的胜利，似乎是以道德的败坏为代价换来的。随着人类愈益控制自然，个人却似乎愈益成为别人的奴隶或自身的卑劣行为的奴隶。甚至科学的纯洁光辉仿佛也只能在愚昧无知的黑暗背景上闪耀。"这形象地揭示了技术的"双刃剑"效应。同样，大数据在给高校教育管理带来机遇的同时也产生了消极影响。

二、促进我国高校大数据教育管理发展的思考及对策

"真正莫测高深的不是世界变成彻头彻尾的技术世界。更为可怕的是人对这场世界变化毫无准备，我们还没有能力沉思，去实事求是地辨析在这个时代中真正到来的是什么。"

当前的时代正处于"云、网、端"的时代，2016 年初，IBM 应运而生，网络 3.0、"物联"的今天，"云脑"的明天，由人、物、环境组成的"原子世界"将被由软件、数据、算法组成的"比特世界"所代替。在比特世界，软件、数据、算法是智慧之树的三朵奇葩，数据是智慧产生的土壤，数据是智慧革命的核心。高校教育管理成为比特世界一个小小的关节点，也是至关重要的关节点。高校教育管理的发展经历了三个阶段：古代的经验管理、近代的科学管理(样本教育管理)和现代教育管理。现代高校教育管理又有三种境界：信息化教育管理、大数据教育管理和智慧化教育管理(生态化教育管理或文化教育管理)。以生态化、智慧化、人文性为特征的文化教育管理是高校教育管理的最高境界，在高校数据"生态圈"中，各类教育管理是"融通、共享、互激"的存在关系。当前，我国高校正处于信息化教育管理向大数据教育管理转变的阶段，在高校大数据教育管理新范式的建立过程中，体制机制是关键。正如玛丽莲·艾米和凯姆·万德林登所言："IT 所带来的变化是关于组织政策、所提供服务类型、财政预算与支出、内部工作流动与工作行为、IT 应用成果等方面的转变。"因此，有必要充分借鉴国外高校大数据教育管理经验，深入思考促进我国高校大数据教育管理发展的关键问题，并提出具有科学性、可行性和可操作性的对策。

(一)树立大数据教育管理发展理念

新时代，最需要的不是大数据，也不是大数据技术，而是大数据思维、大数据理念。大数据发展必须是数据、技术、思维三大要素的联动，高校教育管理大数据的发展取决于大数据资源的扩展、大数据技术的应用和大数据思维与理念的形成。因此，树立数据开放、数据共享、数据跨界、数据合作的理念是我国高校大数据教育管理健康发展的前提。

1.树立分享理念

高校 IT 是大数据教育管理的基本设施和保障，其使命和承担的重要角色有两个：一是连接作用，连接师生、人与资源、师生与学校；二是支撑作用，支持"教"和"学"，使之富有效率、创新。国外发达国家高校大数据教育管理发展较早，数据治理理念比较先进，突出 IT 技术与人的融合，这对我国高校大数据教育管理发展有着重要的借鉴意义。

2.坚持"用户中心"导向

我国高校管理层要树立"用户中心"的管理导向，以学校战略发展目标为指导，以业务流畅性为准绳，结合软件、硬件、服务，为用户提供简单易用、明确统一的集成化服务，以大数据技术和信息推动学校管理模式、教育教学模式的变革。高校在 IT 规划管理应用方面，要突出人与人、人与资源的高度融合，开发一个统一的、无处不在的平台，简化管理任务，使其更容易被学生接受。该平台是学校业务和"注册办公室"的扩展，并作为高校的门户网站，为学生提供持续易用的账户、课程表、登记材料、成绩和基本校园信息访问。它是传播紧急信息的自动短信和语音广播；是集成校园、地方警察和医务人员的客户端；是"商务办公"的扩展，能够实现账单支付、购票、买书、购物及财政账户管理的无线交易；是"注册办公室"的扩展，有利于课程招生、学习过程的互动和动态的成绩访问；是与校友和家庭保持联系的工具；是集培训和教师(员工)访问于一体的统一平台；是传播校园信息的统一平台。高校要加强基础设施建设，寻找一种灵活的、可扩展的方式去替代老化的电信网络设备，同时要寻找对老化设备改进的策略，如简化支持，满足学生和教师的需求，帮助学校创收等。融合设备，如 iPhone 或 iPad，是课堂交互性的硬件设备，这些"综合背包"也将尽量减少学生必须携带的学习工具，减轻学生的负担，提高教师教学的可靠性，高校应推进这些"综合背包"在教育教学管理中的应用。

(二)坚持大数据教育管理发展原则

高校大数据教育管理发展涉及制度建设、平台搭建、管理模式、人才队伍建设等，明确工作原则是其成功开展的前提和保障。高校大数据教育管理发展原则主要包括以人为本原则、扬长避短原则及疏堵结合原则。

1. 以人为本原则

高校大数据教育管理具有属人的特点，不论是大数据教育管理的物理设施建设，还是大数据教育管理的软件系统开发应用，抑或是大数据教育管理的隐性文化培育，都必须坚持以人为本的原则。

首先，平台是基础，高校应完善大数据教育管理的基础设施，构建学生的物理学习空间和网络学习空间，形成线上线下相融合的立体化学习模式，这些物理设施要体现"用户至上"和"学生本位"的价值追求。

其次，高校大数据教育管理的软件系统在开发之初，就应以最大限度地发挥人的主动性、维护人的尊严为基本标准，以人的全面、自由和个性化发展为根本目标。

最后，高校大数据教育管理文化不是冷冰冰的数据，而应将人文关怀融入其中，防止人的尊严、人的价值在强大的技术理性面前被贬低、被异化。在高校大数据文化建设中，一定要避免"大数据主义"的产生，要做到规避大数据的负面影响而不否定大数据的正面作用，做到理性对待数据而不盲目崇拜数据。

2. 扬长避短原则

大数据的双重效应给我国高校教育管理带来了机遇，也带来了挑战。针对大数据技术的双面性，高校在制定规划、战略、制度时要坚持扬长避短、趋利避害的原则。发扬大数据在促进民主、平等、公正、自由的大学文化建设及科学研究方面的优势，利用大数据的及时性、动态性和互动性等优势，营造新型师生关系；利用大数据的预警性，判断教育管理动态趋势，做到防患于未然；利用大数据的先进性，提升教育管理信息的安全性，从而保护师生隐私和数据财产不受侵犯。当然，对于大数据可能产生的隐私泄露及数据霸权等消极影响也要提前防范。

3. 疏堵结合原则

在文化多样性的信息时代，大数据技术的利用给高校学生教育管理工作带来空前挑战，特别是西方多元价值及美国推崇的"普世价值"，将借助大数据、网络等现代技术载体快速传播和渗透到我国高校师生中。针对西方政治、文化及思潮的入侵，我国高校要坚持疏堵结合的原则，宜疏则疏、宜堵则堵。利用大数据技术的互动性和及时性特点，对一些不良文化观念进行疏导，做到因势利导，为管理者和被管理者提供交流沟通的平台和机制，而不能简单地围追堵截。在新时代，传统封堵的方式将会适得其反，最终导致欲盖弥彰。但是，对于违反我国基本制度、基本国策等的错误行为和思想，必须利用大数据技术的预警性优势，做到早预防、早发现、早治理，把问题消灭在萌芽之中。

(三)加强大数据教育管理顶层设计

顶层设计具有长远性、战略性、科学性的特点。科学的大数据发展规划(IT 发展规划)、完善的大数据发展机制(IT 发展机制)及民主的治理模式，是马里兰大学大数据教育管理成功的重要原因，这对我国高校大数据教育管理有着重要的借鉴意义。

1. 制定战略规划

高校大数据教育管理发展战略规划是高校在现有条件和未来条件下，为如何更好地实现战略既定目标所采取的措施。我国高校要加强大数据教育管理发展的顶层设计，就必须制定学校大数据发展战略规划，这样才能做到胸有成竹。《庄子·达生·梓庆削木》如此描述：梓庆削木为鐻，鐻成，见者惊犹鬼神。鲁侯见而问焉，曰："子何术以为焉？"对曰："臣将为鐻，未尝敢以耗气也，必齐以静心。""梓庆做鐻"，进山选料时已经在脑海中勾画出鐻的模样，一旦进行雕刻，就能够胸有成竹、一气呵成。美国高校在此方面也有较好的做法：马里兰大学 IT 规划的两大关键问题是资金来源和决策机制，在资金来源方面，构建了全校性的以集中为主、适当分权的长效 IT 投资机制，以保证资金的高效分配和投资；在决策机制上，采取多群体参与的 IT 治理结构，从 IT 治理结构、多用户参与的 IT 评估体系(院系主任、行政主管、教师、研者、管理者、IT 员工、本科生代表、研究生)、CIO(首席信息官)身份与角色定位(既是高级管理者又是教师的双重身份或能力)三个方面来解决。正是基于用户主导、各群体广泛参与、民主治理的模式，马里兰大学的"IT 战略规划"才成为全校性的共同愿景，从而降低了实施过程中来自用户的阻碍。

高校大数据教育管理变革是一场"自上而下"的变革，这要求我国高校管理者在制定大数据战略规划时，要有战略的眼光、可持续发展的原则和开放协同的思维。高校大数据教育管理发展要以建设"绿色、节能、智能、高效"的智慧校园为目标，对利益分配、资源统筹、平台搭建、治理结构、评价激励等方面进行精心设计和规划，要突出人与技术的深度融合，体现"大技载道"的技术智慧和技术人性，要激发各方参与的积极性和主动性，最终促进高校教育管理质量和效益的提升。

2. 加强组织领导

专门的教育信息管理机构是十分必要的。2012 年，教育部成立了"教育部信息化领导小组"，同年，教育部成立教育信息化专家组，用以指导全国教育信息化推进工作。2015 年，教育部办公厅印发的《关于"十三五"期间全面深入推进教育信息化工作的指导意见》（征求意见稿）对教育信息化机制建设提出明确要求："要在各级各类学校逐步建立教育信息化首席信息官（CIO）制度，明确一名分管领导担任首席信息官，全面统筹本单位信息化的规划与发展。要明确教育信息化行政职能管理部门、业务应用推进部门、技术支持部门等各主体在教育信息化建设应用格局中的责任与义务，建立教育信息化和网络安全问责机制，确保教育信息化的健康、有序发展。"从宏观上看，高校要将信息化、智慧化与现代大学治理紧密结合起来，促进信息技术与教育教学和服务的深度融合。高校信息化领导机构需要重新调整，信息化部门要从单一的技术管理型转向技术型与管理型并重，加强海量数据的分析利用，充分发挥其潜在价值。对此，当前急切需要探索首席信息官的运行模式，统筹高校的信息化规划、系统建设、应用推广和业务协调等工作，在二级学院、单位和部门均设置专门的信息员岗位和人员，使信息化嵌入到高校的每一个单元之中，尝试推进两级信息建设（信息员制度、学院试点制）。2016 年 6 月，教育部印发的《教育信息化"十三五"规划》明确提出，要建立"一把手"责任制，逐步建立校领导担任首席信息官的制度，全面统筹本单位信息化规划与发展。2016 年 10 月，华中师范大学校长杨宗凯在"2016 中国高校 CIO 论坛"上提出"信息的核心就是利益重组与流程再造，只有确立了 CIO，才能真正实现重组"。美国超过半数的大学均设有专职和 CIO，参与制定学校战略性发展规划，为学校科学决策和科学管理提供信息服务，设计和管理学校技术服务与应用，建立信息技术与大学变革之间的桥梁。不管是独立设置的 CIO 还是兼职 CIO，都要根据各校的实际情况，关键是要发挥他们在学校战略决策中的"核心"作用，必须能够影响学校决策，这样才能真正实现高水平管理、智慧化管理。一个称职的高校 CIO 必须具有复合能力，包括系统规划能力、信息化教学和课程改革领导能力、教师专业发展领导能力等。在工作态度上，高校 CIO 要积极主动，不能等待 CEO 灌输发展战略、业务部门反馈 IT 需求、下属来汇报系统问题，而是积极主动向 CEO 提供决策影响，且不断提高影响力。在工作内容上，高校 CIO 不仅要关注技术，更要关注业务。业务的价值在于业务运营、业务增长、业务转型，如果不关心所在机构的整体业务目标和战略，就无法提出引起领导层兴趣的方案。在工作创新上，高校 CIO 要学会变革管理。总之，高校 CIO 一定要积极推动创新，不管是技术创新还是应用创新；一定要主动研究变革，不论是技术变革还是研究组织变革；一定要关注目标，不仅是 IT 目标，更重要的是全局总体发展目标。

3. 明晰发展架构

麻省理工学院（MIT）的 OCW（Open Course Ware）项目目标定位清晰、体系结构合理，OCW 项目总监行政部门的出版组、技术组、评估组、沟通组四个职能团队各司其职，保障开放课程的顺利实施。课程的整个发布过程是呈流水线进行的，从课程登记到课程资源准备和设计，再到内容的格式化和标准化、建立课程站点、初步评价、阶段发布、故障排除和完善等，各环节紧紧相扣，提高了工作效率，降低了项目运作成本，并且进行分工和协作，从而整体推进了工作效率。同样，我国高校大数据教育管理发展必须有一个清晰的架构，才能使数据采集、管理、使用、维护等各环节衔接有序、运转顺畅，促进学校各项事业的可持续发展。我国高校要借鉴发达国家高校大数据教育管理发展的经验，依据国务院《促进大数据发展行动纲要》和中共中央、国务院《国家中长期教育改革和发展规划纲要（2010—2020 年）》的精神，制定符合学校定位与发展实际的大数据发展规划。坚持业务导向和问题导向，坚持建设与运维并重，要提出具体明确的大数据发展战略规划目标，要在广泛调研基础上任务聚类，要提高制度建设、规划方案的科学性和可操作性，考虑全员的利益，加强需求调研的广泛参与和透明性，让数据中心的建设效果最大化。

（四）完善大数据教育管理制度规约

美国和欧盟在实施大数据战略的同时，也实施了限制举措。欧盟以苛刻的数据保护条例来保护公民的个人信息不被侵犯，美国法律严禁公司或运营商对公民个人信息进行销售。

总体来看，信息技术给高校教育管理带来的种种机遇和变革的"利"远远大于目前还未出现或者初显的"弊"。各级政府对于大数据、云计算在高校中运用的态度应包括"促进"和"规范"两个维度，一方面要通过法律法规促进高校教育资源共享平台、数据平台的建设和开放；另一方面要通过法律法规进行大数据利用和交易的规范化，从而保护个人隐私，保护数据安全。"促进"和"规约"如车之两轮、鸟之双翼，对于高校大数据教育管理发展也是如此。

1. 建立完善大数据制度体系

高校要以大数据制度的制定推动教育管理制度体系的整体变革。在高校大数据制度生态中，包括两类制度：规范制度和促进制度。近几年来，我国85%以上的"211"高校都制定了校本大数据管理办法。例如，西安交通大学2014年11月发布实施的《西安交通大学信息化数据管理办法》，对数据的管理机构和数据的产生、运维、存储、归档、使用、服务等管理过程进行了详细规定，坚持统一标准、全程管控、安全共享的原则，保证信息化数据的完整性、规范性和一致性，为学校教育管理提供高质量的信息服务；《清华大学校园计算机网络信息服务管理办法》《北京大学慕课运行管理条例》《武汉大学数据管理办法》《中山大学信息网络管理规定》《西北农林科技大学数据安全管理办法》《东北师范大学数据管理办法》《华南师范大学信息系统数据管理办法》等，都体现了高校对大数据管理规范化、科学化、安全化的共同诉求，这些可算作规范高校大数据教育管理的制度。另一类就是高校大数据教育管理的促进制度，包括对教师使用大数据技术和教育改革热情的保护、激励制度，对师生实时、完整、真实而准确采集信息的鼓励制度等。目前，我国高校不论是规约制度还是激励制度都处于探索阶段，已经制定的大数据教育管理制度缺乏完整性、系统性、稳定性及可持续性，表现为某一阶段的应急之策，甚至存在高校为"大数据"而

"大数据"的问题，如很多高校巨资开发研究生管理综合信息系统，在数据采集方面花大力气进行部署，但实际工作中，这些数据的价值充其量就是增大了数据库的量，并没有起到方便学生学习和生活的作用，违背了大数据教育管理"高效、快捷、方便"的初衷。又如，毕业生资格审查工作，高校一般要求学生发表指定级别的期刊论文，并以扫描文件的形式传入网络系统，但是仍要求学生持期刊原件到办公室"验明正身"。这种现象的产生，可能有三种原因：一是软件应用系统不科学、不好用；二是学校管理人员对学生缺乏信任、对软件程序缺乏信任；三是学校管理人员观念落后、思维守旧。不管是哪种原因，最终这种行为会在一定程度上削减学生对大数据应用平台和软件系统的"好感"，逆反的情绪产生虚假的数据，这不利于高校大数据教育管理的可持续发展。因此，高校在制定高校大数据管理办法的时候，应在遵循国家法律法规的基础上，根据学校实际、地区实际，制定具有可行性和创新性的制度，还应考虑管理制度的稳定性和可持续性，在规范大数据教育管理行为的同时，积极推进大数据教育管理的变革。

2. 解决大数据建设有关争议

高校大数据管理制度主要包括采集制度、存储制度、使用制度、公布制度、审查制度、安全制度等。形成完善的制度体系是一个过程，当前高校这些大数据管理制度的建立处于探索阶段，存在诸多争议。一是在采集制度方面，存在数据生产者（拥有者）知情权与告知义务的争议。二是在存储制度方面，存在存储期限的争议，哪些数据需要设定短期存储，哪些数据需要设定中期存储，哪些数据需要设定长期存储，哪些数据需要设定永久存储。当然，存储期限与数据的性质及存储者所评估的数据价值相关，但是主观评估价值都具有相对性，现在认为没有价值的数据未来也许具有很大的价值。例如，如果按照现行规定，高考扫描后的答卷保存期为考试成绩发布后6个月，那么也就不会有某位国家领导人40年前高考试卷这种珍贵档案资料的存在。三是在使用制度方面，存在有偿使用和无偿使用的争议。无偿使用，受到高校办学资金的限制，但是有偿使用则有悖教育的公益性，也会阻碍数据的流转、传播与价值放大。四是在公布制度方面，存在原始数据之争、力度之争、安全之争、质量之争、价值之争、虚实之争。五是在审查制度方面，存在审查部门的争议。数据采集存储部门审查发布，则不能保证数据质量，第三方审查或技术部审查，因对业务不熟悉，只能从宏观或技术层面进行审查。六是在数据安全制度方面，存在人防和技防哪个更可靠的争议，其实应做到"人防"与"技防"相结合。高校必须高度重视这些大数据制度争议，并努力予以解决，否则高校大数据相关制度的制定将无从下手。高校制定数据安全管理办法的核心、内容应包括建立数据安全管理的部门架构，建立数据资源的保密制度、风险评估制度，采用安全可靠的产品和服务，提升基础设施关键设备安全可靠水平，采取数据隔离、数据加密、第三方实名认证、数据迁移、安全清除、完整备份、时限恢复、行为审计、外围防护等多种安全技术等。

3.加快制定大数据相关标准

《国家教育事业发展"十三五"规划》要求，"广泛应用区域教育云等模式，积极推动各级各类学校建设基于统一数据标准的信息管理平台，实现各类数据伴随式收集和集成化管理，形成支撑教育教学和管理的教育云服务体系"。数据的价值是通过数据共享实现的，但是高校教育管理大数据的异质性给数据共享带来挑战。因此，需要提高智慧教育设备的互操作性、源数据、接口及标准的可共享性，从而提高数据的可访问性和价值增值。

教育部2012年发布了《教育管理信息教育管理基础代码》等多项教育信息化行业标准，这为高校教育管理大数据标准的制定提供了指导和参考。目前，高校之间、高校内部都普遍存在数据不兼容、不统一、无法共享的问题。高校大数据标准制定的前提是遵循国家标准和行业标准，即国家大数据标准和教育行业标准，这样才能既保证高校内部各类数据之间的统一和共享，又能实现与学校外部各类教育数据之间的集成与共享。高校数据标准应具有可行性、适用性和延展性。可行性和适用性的要求保证大数据标准从高校业务实际出发，具有切实可用的价值，同时，高校又要立足长远的教育变革，使数据标准具有延展性。另外，高校在选择大数据技术合作伙伴时，不仅要顾及其技术能力及业务领域的熟练度，还要考虑技术方案与现有数据及标准的兼容性。特别是学校内部或高校之间的资源采取标准接口和协议，并对异构的、动态变化的教学资源进行整合，这是建立共享机制的基础。

虽然高校数据标准应根据国家数据标准进行，但是在国家教育管理大数据标准出台之前，高校不能消极等待，而应该积极主动地组织教育管理大数据方面的专家和业内人士提前谋划与研制。

(五)促进大数据教育管理协同发展

凡是成功的大数据教育管理案例，无一不是多部门协同的产物。麻省理工学院秉持"卓越、创新和领导才能"的价值追求，坚持"提升知识、传授科学和其他领域的知识，使 21 世纪国家和世界变得更美好"的办学目标，自 2001 年开始实施开放课程计划(OCW)，这个计划延续了美国高等教育分享的理念，追求开放的、优质的、方便可获取的教育资源最大化。麻省理工学院也是开放教育和网上教育的先行者，其开放课程计划对世界教育产生了深远的影响。OCW 的成功是多方合作的结果，具有良好的合作机制，其合作伙伴包括赞助基金会、学院赞助人(1964 年的毕业生乔恩·格鲁伯)、内容伙伴(Universia)，包含超过 10 个来自拉丁美洲、西班牙等国家和地区的高校的共同组织；中国开放教育资源协会(Chinese Open Resourcesfor Education，CORE)，成员计划未来 5 年将 OCW 课程中文版免费且开放地提供给中国教育学者、开放式学习支援网、评估伙伴(Inter AcademyCouncil)、厂商合作伙伴(Sapient、Microsoft)等。这种多方合作的机制帮助和促进了麻省理工学院开放课程行动能够集合多方的优势资源，包括项目基金会的运行、项目评估的支持以及厂商合作的支持，共同支持了该项目的成功实施和大规模推广。我国高校大数据教育管理建设也要协同政府、企业、高校及研究机构的力量，共同促进高校教育管理的智慧转型。

1.政府宏观引导

在高校大数据教育管理协同机制中，政府主要在法律法规、资金投入、协同科研、标准制定、考核评估和宣传奖励等方面发挥宏观指导作用。首先，国家要加大相关立法和标准制定。促进高校大数据教育的法律法规包括两类：一类是规范法律，另一类是促进法律。高校大数据教育管理生态系统中的关键因素当属隐私、安全和道德问题，对隐私的保护、安全的保障和所有权的澄清是大数据技术应用不能回避的问题，必须正视且合理解决，以促进大数据技术被正确使用而不被误用、错用，促进其工具理性与价值理性的统一。目前，我国高校促进网络学习的考试制度、诚信制度、评价制度还是空白，需尽快出台。普通教育与职业教育、继续教育的沟通有赖于终身学习成果认证体系及学分累计、转化制度的建立。对于诚信问题的解决，可以借鉴 Coursers（在线公开课）依靠网上监考技术、凭借打字节奏判断学习者是否本人的方法，也可以借鉴英语四六级在线考试的改革方式，联盟高校相互设置考点，学生就近机考。要完善大数据制度规约，寻找发挥高校大数据价值、规避大数据技术风险之道。一是我国政府要建立健全数据的采集、审查、公布、存储、使用、保护制度，平衡管理创新与隐私保护、数据规范与自由发展之间的关系。二是我国政府要加大对高校教育管理大数据技术研发的资金投入，重点在人工智能、实时处理海量数据、数据可视化分析及应用方面。三是我国政府要改进购买、使用和审核的分离，提升信息化建设项目的可持续性，要坚持集约化，提升投资绩效，推动机制创新，推动信息技术与高校教育教学的深度融合。四是我国政府要实施智慧教育重大应用示范工程。

2. 开展国际合作

我国高校教育管理必须抢抓机遇、博采众长、知己知彼，以实现跨越发展。国外发达国家在教育、经济、科技、人才及国家综合能力上具有先天优势，这使他们抢得了大数据教育管理发展的先机，并积累了一定的经验，这对我国高校大数据教育管理具有重要的借鉴价值。美国使大数据在商业领域发挥了"点石成金"的魔力，是首个将大数据上升为国家战略的国家，也是最早启动培养面向未来的大数据人才的国家。斯坦福大学（Stanford）、伯克利加州大学（Berjeley）及迪肯大学（Deakin）等都开设了诸如机器学习等全新的、为培养下一代"数据科学家"的相关课程。此外，韩国、新加坡、日本、加拿大、欧盟及以色列等国家和地区的智慧教育已取得初步成效。因此，我国高校要建立国际交流与合作的平台及机制，避免走错路、走弯路，促进走对路、少走路、大超越。首先，我国高校要加强在大数据教育管理技术方面与国外高水平高校的合作，增强我国大数据关键技术、重要产品的研发力，拥有技术主权，避免技术垄断与殖民。其次，我国高校要加强在学科建设及人才培养等方面与国外的交流和合作。再次，我国高校要坚持网络主权原则，积极参与数据安全、数据跨境流动等国际规则体系建设，促进开放合作，构建良好秩序。最后，高校教育管理的变革是一项系统工程，牵一发而动全身，面对全球智慧教育的发展潮流，必须保持理性，既不能跟风，也不能坐失机遇。目前，智慧教育方案大都处于边研究、边实践、边应用的阶段，企业开发的产品基本上都是第一代，虽然体现了智慧教育的愿景，但还不具备大面积推广的价值。我国高校大数据教育管理方案也存在这些问题，这也是我国智慧教育发展为何仅是"秀"的韵味更多一些的另一原因。总而言之，我国高校在学习借鉴国外高校大数据教育管理成功经验的同时，要用批判的眼光和战略性的思维看问题，提出适合国情、能够解决实际问题的本土智慧教育方案。

第六章　学前教育管理方法与研究

第一节　学前教育管理方法及其特点

一、管理方法

黑格尔说："方法也就是工具，是主观方面的某个手段，主观方面通过这个手段和客体发生关系。"英国哲学家培根把方法称之为"心的工具"，他把自己论述方法论的著作命名为《新工具》，将方法比作黑暗中照亮道路的明灯，比作条条蹊径中的路标。他明确地告诉人们，沿着正确路线走的跛子，甚至会胜过没有方向乱跑的正常人。由此可见，方法的重要性。方法就是帮助人达到目标的工具。

所谓管理方法，就是指为确保管理工作朝着预定的方向发展，所采取的方式、手段、途径的总称，是实现管理目标的精神工具，是管理主体和客体的桥梁。管理方法是对已经取得的关于管理客观规律的知识的自觉运用，是人们在长期的规律活动中形成的经验结晶，并在人们的规律活动中不断得到检验和发展。

二、管理方法的特点

要正确地运用管理方法，就应该了解它的一般特性。管理方法的主要特性有以下几点。

(一) 经验性

管理方法固然受理论指导，有一定的理论支撑，但任何一种方法还必须经受实践的考验，在实践中检验管理方法的有效性。因此，所谓经验性就是在一定理论的指导下，在实践中提升、验证管理方法，经验性不是主观性，而是科学与实践的结合。

（二）规范性

任何一种方法都力求为人们的活动指明一种正确的途径和程序，任何一种方法都具有一个一致的顺序。如行政的方法，先是"摸情"然后"判断"，最后下"命令"；经济的方法，也同样需要先"摸情"，然后制定"规章"，再进行"判断"，最后实施"奖规定的途径和程序去工作，以取得最佳成效。

然而，方法的规范性并不是绝对的，也不是与创造性相对立的。规范性不反对、不排斥创造性，被视为规范性的东西，本来就是创造性的产物，规范性的产生凝聚了大量的创造性劳动。同时，任何创造性也受一定的规范性的约束，不然创造性就是不切实际的，而规范性的方法也需要被创造性地运用。如行政的方法和法律的方法是规范性的方法，但这些方法需要创造性地运用，运用得当，管理成效就显著；运用不当，就会适得其反。一个方法怎么用，用于何人、何事是方法能否收到成效的关键所在。

（三）经济性

所谓经济性，并不是说每一种方法都有经济因素参与，而是说通过各种管理方法的运用，力图以较少的人力、物力、财力、时间等取得较大的成果。正是由于方法具有经济性，掌握并正确运用方法对管理人员来说是必要的。各种方法的经济性是因人、因事、因时而有所不同的，管理人员必须对此有正确的认识，以便选择最恰当的方法。如解决教师之间的私人纠纷，用行政方法就不如用思想教育的方法有成效，而解决制度执行问题，就不能单靠思想教育的方法。一般可以认为，用思想教育的方法解决教师之间的纠纷比用行政方法更为经济。

第二节　学前教育管理方法的类型

一、行政方法

行政方法指依靠组织中领导者的权威，运用命令、指示、指令性计划等手段，直接进行组织、指挥和调节的管理方式。其特点是管理者针对一定的具体情况，做出意义明确、内容具体的决定，再传达给执行者。这种决定对执行者具有强制性，通过权威和服从的关系，直接影响被管理对象，因而具有强制性、直接性、无偿性。

所谓具体情况，是指管理情境、特殊的人和事及特殊的环境。管理者做出的决定意义要明确，内容要具体，不能含糊。如教师有严重违反教育规律的行为，且其行为有害幼儿身心健康，管理者就会对此做出给予严肃处理的决定，这种决定虽具有行政的性质，但不够具体，不够明确。严肃处理的方式很多，要从教师违规行为的发生原因、后果等方面加以全面考虑，确定到底采用哪一种处理方式。

所谓权威和服从的关系，是指在一个组织中，由于管理者和被管理者职位不同、责权不同，管理者有做决定的权力，被管理者有服从的义务。如园长做出班级人员的安排，一般来说，教师就应服从。这种服从具有强迫性，如不是管理者和被管理者的关系，就不存在这种强制关系。

所谓直接性，是管理者直接作用于被管理者，不需要任何中间环节。管理者用制度、命令等直接影响、改变被管理者的行为。如园长发现某教师有体罚幼儿的行为，应立即用命令予以制止或要求教师停职检查。

所谓无偿性，是被管理者执行命令、指示是没有条件的，一切根据需要，是不能讨价还价的。如教师不能因为接手了某个班而要求多给奖金或进修机会。因此，行政方法是自上而下的、单向的。

行政方法的作用和必要性在于，它是保证集中统一领导的重要手段，任何一种管理活动，如果没有一定的权威和服从关系是不行的，若组织中每一个人都按自己的意愿去从事活动，想干啥就干啥，那必定会是一片混乱，组织目标无法实现，也不能充分有效地组织人力、物力、财力。

行政方法也是最迅速、最有效地调节集体行为的有力手段。行政方法是自上而下的，发挥作用比较快，有利于排除阻力，达到预定目标。如举办全园大型活动，如果没有行政命令，各班的任务、座次、演出先后、材料多少就无法统一安排，活动就无法开展。行政方法也有局限性。行政方法不是万能的，不是任何问题都可以通过行政方法解决，管理者使用行政方法时应注意以下几点。

（1）遵循管理过程的客观规律，遵循管理对象活动的规律，任何命令、决定不能背离这些规律，大部分的决定可以说是"一人说了算"，但一定得正确。如"每周一次家访"这个决定不现实，没有考虑教师工作的现实，所以就不是一个可行的决定。

（2）行政方法不能用得过多。如果园长的命令和指示过多、过细、过繁，教职工就会反感，且不利于发挥教职工的创造性。

（3）不同的管理对象，行政方法的地位和作用应该是不同的。有时，行政方法应与其他方法结合使用，才能发挥良好的作用。与行政方法密切相关的还包括思想工作方法、经济方法等。

二、法律的方法

法律的方法，是指以法律规范以及具有法律规范性质的各种行为规则为管理手段，调节组织内外各种关系的一种管理方法。

法律规范是经国家制定或认可的，以国家的强制性为保证而实施的行为规范。如第七届全国人民代表大会常务委员会第二十一次会议通过的《中华人民共和国未成年人保护法》(1991)、国务院批准颁布的《幼儿园管理条例》(1989)等就是我们在学前教育管理中必须使用的规范。这些法律规范是进行学前教育管理活动不可缺少的。

所谓具有管理规范性质的各种行为规则，是指国家及其政权机关和地方政府在自己的职权范围内制定的法令、条例、规定、章程等具有法律约束力的文件。法律手段在一切管理手段中具有最高的权威性和强制力，它是任何集体和个人必须遵循的行为规则。

就学前教育管理而言，除了应以一般法（宪法、环境保护法等）为依据外，更应以相应的专门法和法规为依据，如《中华人民共和国未成年人保护法》(2012)《幼儿园管理条例》(1989)《幼儿园工作规程》(2016)等，这些都是学前教育管理的重要法律文件。

(一)法律方法的主要特点

1.权威性

法律方法的权威性与行政方法的权威性不同，行政方法的权威性是由职权产生的，法律方法的权威性来自国家或政权的意志。法律都是由国家的权力机关制定的，任何集体、个人必须遵照执行。如《幼儿园管理条例》(1989)颁布后，各地原有的做法或地方法律中与其有严重冲突的行为或文件必须纠正或取消。因此，这种权威带有强制性。

2.规范性

法律规范是一个系统或一个行业所有有关人员的行为准则，它向有关的人员明示行为的标准，即哪些行为是提倡的，哪些行为是禁止的。法律规范及其严格的语言，准确地阐述了有关准则，并做到在根本问题上的一元性，不可任意解释和发挥。因此，国内外的一些法律文件后面都附有名词解释，确保法律条文的规范性。

3.稳定性

法律、法规要面向现实，预示未来。因此，作为法律法规，其适用性一般覆盖一个时期。就幼儿教育法规来说，它不会在三五年内被宣布作废。另一方面，法律、法规一旦公布，是不能随意更改的，如有严重不符合国情的情况，在一定的程序下可做修改，但一般只是在实施细则中或解释性文件中加以阐述，使条文具有新的意义。

(二)法律方法的作用和必要性

法律作为一种管理手段，对于学前教育管理来说，也是必不可少的。法律手段对于幼儿园教职工的行为具有规范作用。一方面，法律是一种特殊的规范性社会信息，它告诉人们在规则中该做什么，不该做什么，哪些行为是可取的，哪些是不可取的。如对教职工来说，保护幼儿是可取的行为，而体罚幼儿是禁止的行为；提供给幼儿良好的刺激和安全的环境是可取的，有危险的环境就是不可取的。这些信息的获得，有助于培养教师良好的行为方式。另一方面，法律手段具有规范人的行为的作用，即具有控制作用，所以是一种重要的管理手段。稳定和有序是幼儿园各项工作顺利进行的保证，保持管理的稳定、有序是很难的，不然就不存在控制这一职能了。在现实的管理过程中，总会出现一些无序因素，而法律手段就是重要的控制手段。

（三）法律方法的局限性

法律方法的局限性表现在，由于它具有权威性、强制性，因此运用是否得当，对被管理者十分重要，稍有不慎，就会严重影响管理的成效。

以法规来处理教师的某一行为，如处理不当，会影响教师的积极性，且这是一种消极的方法。此外，法律方法使用的范围有限，只能在教师产生违法行为的时候使用，不能滥用。

行政方法和法律方法是属于控制型的方法。但这两种方法又有不同之处。法律的方法比行政的方法更具强制性和权威性。行政命令更多体现园长的意志，园长个人的某些特点决定了行政方法在不同的园长使用中会表现出不同的功能。法律的方法体现国家意志，是由国家的强制力量来保证实施的。法律规范相对稳定，是具有普遍约束力的一般行为规范，适用于经常重复出现的情况；行政手段则具有灵活性，适用于处理个别的情况。

三、经济的方法

经济的方法是指运用工资、奖金、福利、罚款及各种物质手段，来组织、调节和引导各项工作以实现管理任务的方法。

这种方法，从实质上说，是物质刺激，以物质利益刺激人的工作积极性，影响人的行为。如园长规定迟到了要罚款，就是试图以罚款的手段来控制教职工迟到的行为，使教职工在保护自己经济利益的同时，遵守幼儿园的作息制度。因此，也有人直接把经济的方法称作物质刺激的方法。

(一)经济方法的主要特点

1.平等性

经济利益(工资、奖金、福利、罚款)是根据统一的尺度来衡量的,在什么情况下该奖,在什么情况下该罚,有既定的标准。如何计算教职工的成绩,什么成绩应有什么奖惩,都是事先规定好的。客观上说,这个标准对谁都一样,是一视同仁的。因此,经济的方法是平等的。

2.有偿性

经济手段的直接依据是"按劳分配,多劳多得"的原则,谁干得多,谁干得好,经济利益就多,谁干了额外的劳动,就能得到额外的报酬。如在幼儿园中,按照法规及有关文件规定,小班 25 人一个班,中班 30 人一个班,大班 35 人一个班,混合班 30 人一个班,学前幼儿班不超过 40 人一个班。如果人数超额,一般以超班费来鼓励教师和有关人员的工作热情。还有的幼儿园都以额外报酬奖励教职工节日和假期加班。一些自负盈亏的幼儿园更是以经济利益激励教职工。

用经济手段来管理总是和一定的报酬有关。当然,由于工作实绩不同,并不是每个人的报酬都是正值,有的人会是负值。

3.非直接性

经济手段不具有强迫性,它不能直接干预和控制被管理者的行为,它是通过物质利益影响人的思想、动机,再改变人的行为。由于人们对经济利益的态度各异,在经济利益面前采取什么态度完全由自己决定,因而经济利益对人的行为方式的作用也必然是各不相同的。如有的幼儿园在组织公开课时,规定上一次面向全区或全市的课给予一些奖励。有的教师对这奖励根本就不在乎,不愿上公开课,而有的教师会主动去上。有的教师在自己经济、心理的承受范围内,以自己的原则支配行为,而不以经济利益支配行为。如有的幼儿园规定每月迟到 3 次扣奖金的 50%,迟到 5 次扣全部奖金。由于现有的奖金基数并不大,所以有人会不理会奖金而出现迟到的行为。这些例子说明,经济利益不能直接干预人的行为,经济利益对人的行为的影响是间接的。

(二)经济方法的作用和必要性

物质利益是决定人们活动的非常重要的因素。如果某一工作或任务与大家的利益密切相关，就会激发大家的工作热情。这种热情达到什么程度，取决于工作或任务同个人物质利益的相关程度。

在幼儿园分类评估中，有些系统、部门把幼儿园的档次和教师的物质利益挂钩，如规定若幼儿园上一档次，奖金就上一档次，有的甚至与工资直接挂钩。特别是一些自负盈亏的幼儿园，经济主要来源于收费，而收费标准是由幼儿园的档次决定的，一类园和二类园收费是不同的，这也影响教职工的福利。但有的幼儿园的档次与教职工不发生直接关系，教职工为幼儿园提升质量、档次的努力程度就会受影响。

注重物质利益，也是为了改变"吃大锅饭"的局面。不管是否迟到、早退、缺勤，不管工作质量如何，所有人都获得同样经济利益的做法，是严重影响人的工作积极性的，也不利于幼儿园总体目标的实现；只有把工作成绩、工作表现同物质利益相结合，才能真正调动人的积极性。

(三)经济方法的局限性

经济手段主要是用来调节人的经济利益关系的，它不直接干预和控制人的行为，因而见效快慢是因人而异的。用经济的方法不能解决所有的问题，如业务方面的问题。有的幼儿园或有的教师搞定向培养，这是观念问题，是业务思想问题，不是经济手段所能解决的。教职工之间的关系、矛盾，也不是经济的方法所能解决的。

就激发人的积极性而言，经济手段的作用也是有限的，因为除了物质利益的需求外，人们还有精神的需求。对于具有一定素养的幼教工作者来说，精神需求更是不可缺少的。人们需要理解、尊重、沟通，还需要成就感。因此，过分地运用经济手段，不但会产生"一切向钱看"的倾向，而且不利于幼儿园整体目标的实现。

四、社会心理的方法

通过了解被管理者的心理特点，尽可能地满足他们的心理需要，从而激发他们的工作热情，就是社会心理的方法。

在日常生活中，除了物质利益影响人的积极性外，还有一些其他因素影响人的积极性，如人们对工作的兴趣，对事业的热爱，对组织和环境的满意度，对成就的渴望，对领导给予关心的需要等。这些因素使教职工产生的对工作的热情和激情，是物质刺激所难以达到的。

如果一位教师对幼教工作根本缺乏兴趣，根本谈不上对事业的热爱，那不论你给她的经济报酬多大，她只能是完成任务，不可能有创造性劳动。有成就的幼儿教育家，大多是对幼教工作有兴趣，并热爱这一事业的。

有的幼儿园环境、设备条件非常好，教师的学历也很高，但没有良好的园风，人际关系复杂，非正式组织(小团体)反作用明显，不利于整个幼儿园的工作，也不利于激发教师的工作热情。

(一)社会心理方法的特点

1.针对性

人的心理需求是多种多样的，如有人需要参与，有人需要尊重，有人需要调和周围的关系，有人需要成就。社会心理的方法就是要根据每个人不同的需要，尽可能地予以满足，以提高员工积极性。一个对自身成就需求高的教师，园长就应该给她机会，如开课、科研、参加会议、讨论、学习。例如，宜兴县某乡的一个村办幼儿园教师，在较为艰苦的条件下，做出了很出色的成绩。她自编教学纲要，收集教育内容，自制教学玩具，经常是一早到幼儿园，很晚才回家。幼儿园的录音机、磁带都是她从家里带来的。她有极高的工作热情，村干部、村民对她都很尊重。当时，她的工资很低，她的工作热情是从哪里来的呢？主要来源于她对工作的兴趣、热爱，另外是乡干部的鼓励，只要她取得了一点成绩，乡政府就给予肯定，让她向中心园及全乡开课，使她获得成就感和荣誉感的满足。后来，她又被评为乡和县的先进，这就更激发了她的工作热情。再比如，某乡中心园有一位青年教师，从省幼师毕业，其家在离幼儿园很远的另一个乡。这位教师工作很认真，教学效果也很好，是青年教师中的骨干。两年后，幼儿园想让她兼理一些行政工作，而正在这时，她也提出了调动要求。幼儿园为了留住她，想了各种办法，包括改善她的住宿条件，给她一个专门的炉子做饭，让新教师陪伴她住宿，还为她过生日，通过各种方式表扬她的工作成绩。这些方式中就包括了对其安全感、交往等需求的满足。

2. 非直接性

社会心理的方法对于人的积极性调动也不是直接的，一方面因为管理者不可能完全把握被管理者的心理需求内容和程度，不可能完全满足被管理者的心理需求。如有的教师需要尊重，认为查教案就是对他不尊重，园长不能因此就不查他的教案。

另一方面，每个人对园长满足员工心理需求方面的努力做何反应，也是由个人决定的，个人的生活环境，目前的心理状态等直接影响其对激励行为的反馈。同样的表扬，有的人的积极性会得到激发，有的人不一定会如此。当然，这里还有一个园长的激励方式问题。

(二) 社会心理方法的作用和必要性

人的心理需求是对人的行为动机产生直接影响，对于这些影响只能用社会心理的方法加以激发。幼儿园日常管理经常使用的具体方法有：让教职工参与决策；根据教职工的性格、知识、愿望、特长安排工作；通过园长和教职工之间的情感沟通和交流，激发教职工工作的积极性和热情。如有的教师做某项工作并非出于对这项工作的热爱或兴趣，而是"士为知己死"。此外，各种形式的奖励、表彰也是重要的激励方式。社会心理的方法不是其他方法所能替代的，它是管理中一种重要的方法。

(三) 社会心理方法的局限性

效果的短暂性是社会心理方法的主要局限。因为人的心理需求是复杂多样的，且随着环境、工作内容等的变化而经常改变。一个教师一开始显得很有雄心壮志，很可能会因家庭的原因或某一项工作小小的失败，或因他人的风言风语而改变想法，追求平庸。

因此，社会心理方法要经常性地、有针对性地使用，才能真正起到作用。

经济的方法和社会心理的方法都是以满足人的需求为杠杆，调动人的积极性。两者满足需求的内容是不同的，因而作用也不同。在实际的管理工作中应把两者结合起来使用，任何单方面的作用都是有限的。

五、思想教育的方法

思想教育的方法，是指把符合社会利益的思想灌输给人们，帮助人们树立远大的理想和坚定的信念，使人们能够自觉地按照社会发展的宏观要求和社会利益而行动的方法。这一方法是社会主义社会各类管理中的重要方法，它主要包括两个方面的内容：一是理想教育，即要树立远大的理想，把自己的理想同远大的社会理想结合起来；二是道德教育，即掌握社会的基本道德规范，并根据这个规范对自己的思想和行为施加影响。

(一)思想教育方法的主要特点

1. 长期性

长期性包括两个含义：一是指思想教育的过程是长期的，转变一个人的思想，让人掌握社会的道德行为规范，树立远大的理想是一个长期的过程，需要长期的努力，不是一朝一夕就能解决的；二是效果的长期性，即一旦形成良好的思想品德，就会持久地、稳定地激发人的工作热情，一旦一个教师从思想上认识到遵循规章制度与经济利益有关，那他很可能因为经济的需求情况不同而产生不同的行为。

2. 非直接性

思想教育的方法也不是直接控制人的行为的方法。人的行为取决于人对思想教育内容的理解和接受程度。

3. 复杂性

思想是深藏在人的内部，不容易看清的。人的生活环境不同，思想状态也会不同，因此，思想教育是极其复杂的。

(二)思想教育方法的作用和必要性

思想教育与物质利益、心理需求的满足相比，能使人获得更强的动力，形成长期影响人行为的观念和思想。因此，它是极其重要的。在现实的管理活动中可以看到，许多老同志、老党员长期受党的教育，工作认真踏实，有更充足的工作动力。

(三)思想教育方法的局限性

作用的间接性和作用范围的有限性是思想教育方法局限性的表现。并不是所有的问题都是可以用思想教育的方法来解决的，精神的力量是巨大的，但不是万能的。

思想教育的方法要真正起到作用，还应有一定的条件，那就是教育的内容、形式适合被管理者的需要，要针对被管理者的实际来选择教育内容，方式应灵活多样。

第三节 学前教育研究的范围和意义

一、学前教育研究的含义与特点

(一)学前教育研究的含义

教育研究是运用科学的研究方法，有组织、有计划、有系统地围绕教育现象收集资料、分析信息的过程。当教育研究日益成为教育文明的一种普遍现象，成为教育工作者的一种普遍行为时，每一个教育工作者都会感受到它的影响。教育许多领域的进步都应归功于教育研究。教育研究发展到今天，愈来愈深入人心，人们对教育研究的认识和理解随着教育研究的发展而不断提高。

首先，教育研究的过程应是有系统的。麦克米兰(McMillam)和苏马克(Schunmacher)将研究定义为，为某一目的而收集分析信息(资料)的系统过程。克林格(Krlinger)将研究定义为，对自然现象系统的、控制的、实践的批判性调查，这种调查是受到理论和有关自然现象关系的假设指导的。研究的基本过程大致可分为这样几个步骤：(1)确定问题；(2)查阅文献；(3)收集资料；(4)分析资料；(5)推导结论。研究过程的第一步是确定被研究问题的性质，建立一个研究的框架，其中包括明确研究的假设和研究的条件。第二步是查阅别人研究类似问题的信息，从他人的研究中获得启示。文献研究就是这种信息的来源。第三步是收集资料。收集资料不能带着实用的、随意的、无准备的态度进行，而应当适当地组织和控制，以便对手头的问题做出有效的决策。第四步是对收集到的资料进行整理、分析。第五步是对问题进行总结，得出具有普遍意义的结论。结论必须是在研究的框架里，在资料和对资料的分析的基础上获得的。

应当指出的是，某个具体或特殊的研究步骤，与上述研究步骤可能会有不一致的地方，但这毫不影响教育研究过程的系统性。

其次，教育研究的方法应是科学的。虽然从教育研究的结果看，所有的研究者都是把获得合乎要求的高质量研究成果作为自己的目标，但研究者清楚地知道，高质量的研究成果必须依靠科学的研究方法。换句话说，在教育研究中，人们不仅关注研究的成果，而且关注研究的方法。比如，在教育研究中，人们对研究对象的确定，不仅要回答"研究对象是谁"，更要回答"用什么方法确定"。用错误的方法确定研究对象，或是抽样的方法不科学，研究的结果就会缺乏可信度。再比如，在教育研究过程中，对资料的收集采用什么方法、运用怎样的工具；对资料的分析能否有效地控制定性分析中的主观色彩，准确地表达事物的数量，而不是滥用数学和数学公式……诸如此类的问题，都是方法是否科学的问题。一个在方法上出现了科学性问题的研究，其结果是不可信的。因此，教育研究的方法必须是科学的。

学前教育研究，作为教育科学的一个分支、教育研究的一个组成部分，是以探索学前教育科学的认识过程、揭示和发现学前教育领域里各种现象的客观规律、研究学前教育科学的知识体系为目的的。由于学前教育的对象是学前儿童，因此，学前教育研究的对象自然也就无法离开学前儿童。由于学前儿童身心未完全成熟，有着不同于成人的身心发展规律和特点，学前教育研究就要适合学前儿童的特点，采用适宜的方法，这就使学前教育研究有了自身的特点。

（二）学前教育研究的特点

1.学前教育研究中的研究对象

学前教育学是一门应用性学科，应注重作为社会现象的学前儿童教育的研究。由于学前儿童的心理处在动态的发展之中，一切尚不定型，学前教育研究的难度很大。在实际的研究中，儿童的发展和教育问题常常紧密地联系在一起，使人感到既有研究儿童发展的成分，又有研究儿童教育的成分，在研究对象上有重叠现象。因此，学前教育的研究，不能就事议事，停留在个体发展的一般规律上，而要处理好"教育中的儿童发展"和"发展中的儿童教育"两者的关系。

2.学前教育研究中的教育观察

教育观察是研究教育现象的方法之一。在学前教育研究中，教育观察有其特殊的地位和作用，其最适用于幼儿研究，因此是学前教育研究最基本的方法。

首先，观察法不需要幼儿做出超出自身水平的反应。幼儿因其年龄特点和身心发展水平，言语表达和理解能力低、行为的随意性强、自控能力差等，使一些研究方法在幼教研究中受到限制。观察法可以了解自然状态下幼儿行为的真实表现，考察其心理的外部表现，受到的限制会相对较少。

其次，观察法可以直接了解并客观记录幼儿的行为表现，所得资料较少受研究者主观因素的影响。作为观察对象的幼儿，较少掩饰自己，所以观察的结果也较为真实。

最后，教育观察可以考察幼儿与周围事物相互作用的过程。由于幼儿处在身心快速发展的阶段，教育观察适应了幼儿的这一特点，不仅可以考察行为的结果，而且可以考察行为的过程。

3.学前教育研究中的研究设计

由于学前教育研究对象自身的特点，研究设计极为困难。幼儿的身心处在快速发展时期，无论是生理还是心理都会有成熟程度的问题，这是困扰我们研究设计的因素之一，有时我们的教育研究很难控制幼儿成熟所带来的影响；由于我们的研究对象是儿童，因此，我们的设计又不能不受到道德伦理的制约。比如，研究不同家庭教养方式对儿童的影响，我们就不可能设计一组家长进行放任型教育，研究母爱剥夺，又不可能对一些婴儿进行隔离……所有这些，都使我们的研究设计更为困难。

二、学前教育研究的范围

谈学前教育研究的范围，不能不涉及学前教育科研和幼儿园教研这样一对概念。

关于学前教育科研的概念，目前的认识较为统一，其是运用科学的方法，认识学前教育的客观规律的过程。这一特殊的认识过程具有明确的目的性，其对问题的研究强调普遍性，强调方法的科学性。幼儿园教研则无明确的界定。

在实际的教育研究中，人们对学前教育科研和幼儿园教研的认识尚不一致，归纳起来有下面几种看法。

（1）学前教育科研和幼儿园教研属于不同的范畴，因为二者的研究对象不同。学前教育科研关注的是学前教育现象及其规律；幼儿园教研关注的是教材教法的研究。

（2）学前教育科学研究和幼儿园教研在研究对象上有重叠，但二者对研究方法的要求不同。持上述观点的人认为：学前教育科研对研究过程的系统性、科学性有着较高的要求，而幼儿园教研对此要求并不严格，或者说，它的研究较为零散，方法也较为随意，多用研讨、总结的方法。

（3）学前教育科研和幼儿园教研是同一范畴的不同层次，二者并无严格的界线。持这种观点的人认为，学前教育科研与幼儿园教研都属于教育研究，其最终的研究目的都是运用对教育的规律性认识，能动地改造世界。教研是教育科学研究的基础，研究方法科学与否也不是绝对的，应视其是否适合研究的目的、任务，是否适合研究主体的实际。

在实际的操作中，二者是有区分的。

第一，两者的研究侧重点不同。

幼儿园教研侧重于教材教法的研究，关注园本教研和具体领域的教学实践。研究目的是针对园所的实际环境，幼儿的实际发展水平，以及具体的教育活动提出优化方案以实现教师的专业发展，提高园所自身的反思与建设能力。因此，幼儿园教研的选题往往来源于园内教师共同的困惑，选题具体明确，教研多以案例的方式呈现(文字、图片、视频都将成为具体的呈现方法)。由于问题来源于实践，教师往往能提出真问题，案例呈现也十分完整，存在的挑战是理论支撑有待提高。

学前教育科学研究则侧重于科研课题的研究，关注学前教育学科发展和学前教育总体质量。研究目的指向学科建设和教育质量发展，因此选题广泛，如学前教育经费研究、学前教育政策研究等，研究最终将形成科学、系统的研究报告。此类研究报告往往会检验某时期固定范围内学前教育的发展水平(有时会指向固定领域)，成为下一步相关政策制定的来源。

第二，两者的管理方式不同。

幼儿园教研往往由园所依据本园实际情况进行管理。幼儿园一般会设置教研室，配备教研主任、教研员等岗位，划拨专款，设立制度以确保教研活动开展。幼儿园常见的教研形式有集体备课、听课评课、同课异构、观摩分析、参加培训、案例分析。随着幼儿园对教研工作逐渐地深入，参与式教研、体验式教研、辩论式教研和网络教研等新的教研模式纷纷出现。

学前教育科学研究往往由教科所、科研院进行管理，由专人负责课题的申报、规划和管理，如在《国家中长期教育改革和发展规划纲要(2010—2020年)》颁布后，陕西省将组建教育科学研究院写入省委省政府文件，将教育科学研究工作纳入地方规划，以承担全省基础教育和职业教育科学研究。此类研究指向更系统的科研课题，在开展的难度、专业性要求上会更高，所以由专门人员负责课题的选择、督促课题的实施能更好地保证研究的顺利进行。

事实上，由于教学研究具有广泛的群众性、普及性和实用性，因此从"教研"入门，过渡到科研层次，不失为一条成功经验。当把学前科学研究和幼儿园教研结合起来时，我们不难发现学前教育研究有着十分广泛的研究范围。

(一)学前教育的课程研究

近年来，学前课程的研究逐步深入，愈来愈关注课程的广义概念，并认为其有显性和隐性之分；注重探索学前课程不同于学校阶段的特点与规律，研究各种教育理论模式指导下的课程方案，并评价其效果。比如，开端教育及各种补偿教育的课程设计及效果。关于补偿教育的效果，有人认为，初期水平最低的儿童受益最大。以皮亚杰认知理论为基础的学前教育课程研究和新蒙台梭利课程模式等出现了。在我国，随着贯彻《幼儿园工作规程》（2016）的深入，教育研究者与一线教师共同摸索幼教规律，提出并进行了多种课程模式的实验研究，如综合主题课程、活动课程、活动区教育等，除此以外，还注重探索能促进幼儿发展的教育环境的研究、游戏的研究等。在农村，学前教育者侧重研究学前班课程以及与小学衔接的课程方案。有关学前课程方面的研究课程还涉及关于不同的组织形式及效果的研究，如小组活动、混龄班教学的研究。

（二）学前教育的教学研究

教学是双边活动过程，包括教师的教和儿童的学两个方面，教学方法对提高学前教育质量有着重要的意义。学前教育的教学研究应注重研究适合幼儿特点的方法和手段，应注意学前阶段的儿童不同于学龄儿童，学前教育也不同于小学教育，教育的途径绝不仅仅是教学，而应该是多样化的。由于学前儿童更多是在非正规课程中、在游戏和日常生活中学习的，所以需要研究如何利用游戏促进其发展，引导幼儿从自发学习到有意识地学习，培养他们的学习兴趣。学前教育的教学研究，还应注意考察日常生活常规的教育功能等。教师是教育方法和手段的实施主体，教师的教育观念和教育技能、行为等问题都是很值得研究的课题。除此之外，如何发挥教育环境的教育功能，创设能促进幼儿发展的教育环境以及活动材料的投放等都是值得研究的问题。

（三）学前教育的环境研究

学前教育的环境，有着十分丰富的内涵，关于其的研究也是多样的。

学前教育的环境，依照不同的分类标准，被划分为不同的类别。根据学前教育的主体——幼儿活动的空间，可以把教育环境分为校园环境、家庭环境和社会环境。根据学前教育的主体——幼儿，以及与之交互作用的方式，可以把教育环境分为物质环境和精神环境，或称之为硬环境和软环境。

学前教育环境的研究，越来越重视精神环境给幼儿发展带来的影响，认为教师、家长和成人的关系、观念、行为方式、语言、人格等对儿童的影响是不容忽视的；越来越重视对幼儿所处的文化背景的研究，而不再局限于对幼儿园环境的研究。与此相应，社会传播媒介对幼儿的影响越来越引起人们的重视，研究者开始关注广播、电视录像、广告、卡通片等对幼儿发展的影响。除此之外，近年来，由于生态学对教育的介入，研究者开始从生态学的角度透视幼儿生存的环境，这是环境研究的又一特点。

（四）学前教育的师资研究

在教育过程中，教育者愈来愈重视教师的态度、与幼儿的互动对于儿童身心发展及教育效果所产生的影响。这方面的研究开始作为保教人员职前或在职培训的重点。职前教育在我国主要是师范教育，近年来重点对幼师课程结构与内容、师生的特点进行研究，以便改革幼师的课程设置，使之更能适应幼教改革的实践需要。在职培训包括学历教育及各种形式的在岗培训，这项工作与管理、评价等紧密相关，如何形成完整的在职培训体系，也成为研究的重要领域。随着我国农村幼教事业的发展，依照实际需要，探索培训师资的有效途径将日益受到重视。

（五）学前教育的社会支持系统研究

学前教育的社会支持系统主要包括教育行政部门和社区共同体。

教育行政部门作为政府管理教育的职能部门，担负着当地政府对有关幼儿教育决策的参与者及贯彻执行的组织者的指导、影响作用，其职能为综合管理、社会协调和业务指导。幼教管理的社会化对教育行政部门的职能要求会愈来愈高。社区是幼儿园最直接的生存环境，在我国主要是由社区兴办学前教育，兴办幼教机构。城镇的各类幼儿园，有很大一部分是乡镇、街道等社区集体兴办的，或是由社区的单位部门兴办的。社区通过多种渠道筹措办园经费，而学前教育事业的发展又直接为社区的发展服务。幼儿园与所在社区是一种互惠互利的双向服务关系。因此，学前教育对社会支持系统的研究应当关注教育行政部门的协调职能研究，应当关注幼教机构与所在社区的双向服务，应加强对如何挖掘社区资源，如何争取家长和社区各方面力量支持的研究，要积极探索幼儿园服务社区的措施和途径，坚持为所在社区服务，实现教育资源的社区共享。

（六）学前教育的管理研究

学前教育对管理的研究应包括对广义的学前教育管理和狭义的学前教育管理的研究。广义的学前教育管理包括学前教育行政和学前教育管理两部分，其以整个国家的教育系统作为自己的管理对象，以教育的法令、法规为指导，遵循教育的客观规律，对整个教育行政系统及各类学校组织进行规划、组织、指导和控制，使有限的办学资源得到合理的配置，以实现管理目标优化。狭义的教育管理是以一定类型的学校组织作为自己的管理对象，探索社会环境与学校之间的关系和学校内部诸因素之间的关系，以及学校组织如何为提高教育质量提供必要的环境、秩序和措施，以使学校组织按照教育规律正常运行。学前教育学对管理的研究不仅局限在对管理本身的研究，还越来越重视对环境和文化的研究。

管理学把环境分为两大类：一是一般环境，即社会环境；二是工作环境，又称为组织环境。学前教育管理对环境的关注主要在于教育组织如何适应环境和控制环境，利用积极因素，控制消极因素，推动幼教事业的发展。另外，民族文化的影响也是不容忽视的。在吸纳西方先进的教育思想的同时，必须重视对"文化"的研究，才能做到"洋为中用"。

近年来，随着幼教实践和学前教育概念的扩大，学前教育研究的范围也在扩大，人们不仅重视研究正规学前教育，而且研究各种形式的非正规教育、社会教育。人们普遍关注补偿教育和预备教育，对于儿童的社会性、情感与个性全面发展的研究也受到普遍的重视。

三、学前教育研究的意义

对于许多不堪重负的一线幼教工作者来说，"教育研究"着实是一个负担，他们中间的许多人会想：为什么一定要搞"研究"，不搞研究不行吗？当我们对学前教育研究及其与诸多教育问题之间的关系进行剖析之后，我们便会对上述问题做出明确而肯定的回答：不搞教育研究不行。

(一)学前教育科学理论的丰富和发展需要教育科研

从认识论的角度看，理论来源于实践，理论是在实践的基础上形成和发展起来的。但是，实践绝不会自然地生成理论，而是要靠人们不断积累与创新实践，对感性不断抽象与概括，才能形成理论，为此，必须进行教育研究，并用大量的研究成果去丰富我们的学前教育理论，促进教育科学的发展。学前教育科学理论的丰富和发展，正是依靠大量的、科学的、逻辑的、实证的学前教育科学研究才得以实现的。

(二)教育行政部门的决策需要学前教育研究

现代教育行政所面临的问题日益复杂，单凭教育行政人员的个人经验和主观判断，往往不能解决复杂的教育问题。采用科学的工作方法，实行科学决策，是国际教育行政管理发展的趋势。回顾我国学前教育的发展历程，我们不难发现：重视教育科学研究，尊重教育发展的规律，学前教育就能健康地发展，否则，学前教育事业就要遭受损失，走入歧途。教育决策不能离开对教育的研究，实现科学的教育决策必须以教育研究为先导，这是教育行政领导素质和管理水平提高的重要标志。

(三)学前教育管理的改革和发展离不开教育研究

我国的教育正处在一个改革和发展的新时期。在教育的现代化过程中，面临着许多新问题。比如，在市场经济下，学前教育改革和发展的规律及特点是什么？在新的市场经济条件下，学前教育体制的改革往哪里走？改革的目标如何定位？如何构建新形势下的学前教育课程体系和幼儿园的课程标准？这些问题如何解决，没有现成的结论，也不能凭空想做出决定，必须以教育研究为先导，在正确的教育思想指导下进行教育改革的实践活动。没有正确的教育理论指导的实践，是盲目的实践。从这种意义上说，教育的改革和发展是一个不断进行教育研究的过程。

(四)学前教育的教学实践需要教育研究

教育研究是人们揭示教育科学客观规律的有效途径。人们通过教育研究将感性认识上升为理性认识，然后指导实践，为教育教学实践提供理论指导。

美国社会学习理论家班杜拉（Bandura）通过大量的实验研究，提出了以观察学习为主的社会学习理论观。他认为人的个性是在观察过程中形成的。在这个过程中，人们首先观察榜样的活动，观察的结果在人们的头脑中形成一种意象，正是这种意象指导着人们在处于与榜样的活动相似的情景时，做出与榜样相似的活动。在观察学习过程中，人们形成了各种各样的行为，从而形成了个性。同时，他还强调认知、自我调节、自我效能在学习中的作用，个人、行为和环境交互作用决定个性的形成。班杜拉的这一研究从理论上指导教育实践不仅要重视显性教育，还要重视隐性教育。隐性教育特别强调教师人格特征对儿童发展的重要作用，同时也为家庭教育提出了理论指导。家庭的环境、情绪氛围，家长的言谈举止、价值取向等对儿童有重大的影响。

(五)教育者自身素质的提高需要教育研究

教育研究是一个科学的、系统的过程。教育工作者在教育研究中，学习教育理论，提高理论水平，形成科学的态度，掌握教育研究的技能方法与独立思考、独立工作的能力，从而促进了教育者自身整体素质的提高。在教育研究者的队伍中，无论是普通教师、管理人员，还是各种专家和大学教授，尽管他们研究的类型和参与程度各不相同，但都是研究成果的享用者和教育研究的受益者。因此，教育工作者应将教育研究视为一种有用的机制，因为它以不同的方式改善着教育过程，改善着教师的教育行为。

第七章 我国高校音乐教育的
发展与研究

第一节 我国高校音乐教育发展概况

一、我国高校音乐教育现状

我国高校音乐教育起步较晚，在 20 世纪 50 年代刚有起步，由于历史的原因，很快就中断了，直到 80 年代初期才开始恢复。一些著名的重点大学，如清华大学、上海交通大学、沈阳航空学院、北京大学等十几所高校于 20 世纪 80 年代先后成立音乐教研室，开设音乐选修课，在学生中引起强烈反响。如北京大学 1981 年开设音乐欣赏选修课，原计划招收 400 人，但是报名人数竟然高达 1 600 人，第一节课，挤坏教室的门。有关调查资料显示，到 1995 年底，全国 1 000 所高校中有 2/3 以上高校开设了艺术课程，门类从单一的音乐欣赏扩大到包括知识、理论、欣赏和实践等多方面，教材也日趋丰富多样，达十余种。但是，由于音乐教育的起步基本上是少数学校的自发性行为，学校在考虑学校整体教育时，并没有把音乐教育纳入其中，音乐教育在整个学校教育中缺少它应有的地位，使得今天高校音乐教育越来越难适应社会的发展，面临许多迫切需要解决的问题。

二、高校音乐教育本身所存在的问题

那么，音乐教育在高校究竟怎样，还存在着哪些问题？为此我们对全国部分高校音乐教育现状进行了调查。从调查的数据和查询的资料中可看出，高校音乐教育的现状比以前有了很大改观，但也并不像我们想象的那

样乐观，它的境地似乎仍是可有可无，随意性很强，有的或把它仅仅看作一种装饰，仍流于形式和表象，对其仍没有从根本上引起重视，"艺术教育说起来重要，干起来次要，忙起来不要"的现象还普遍存在。再则，我国高校音乐教育的发展仍不平衡，虽然有少数学校已取得很好成绩，但大部分学校还存在不少问题，如音乐教育的管理机构不健全，教学管理不完善；音乐师资普遍缺乏、师资水平偏低；经费投入不足；教材、教学内容、教学形式单一，教学理论、教学方法陈旧等。这些都是高校音乐教育难以进一步发展的原因。所有这些现象产生的原因错综复杂。显然，有些问题，不是靠个人力量能够解决的，必须依靠政府、学校才有可能得到逐步解决实施。

(一)高校音乐教育发展的不平衡性

我国高校音乐教育事业的发展得到了社会各界的高度重视和认可，也逐步实现了教育、教学的自我变革和创新。但从全国范围来看，高校音乐教育发展的不平衡性问题依然突出。这种不平衡性与区域经济发展、相关主管领导的个人认识、管理监督机制、师资队伍建设等多种因素密切相关。以宁德师范学院为例，虽然高校教育评估顺利通过，在普通的二本高校中有一定的发展特色和优势，学生近 8 000 人。但专门的公共音乐教育师资缺乏；现有本科音乐学专业，但师资参与公共音乐教育的极少；尚未设立专门的公共艺术教育组织机构；没有稳定的公共音乐选修课程教育实施计划；没有专职的公共音乐教师引进计划等。可以说该校公共音乐教育在这里基本上处于急需规范和改革发展的阶段。

(二)顶层设计日趋优化，但执行、监督力度不足

教育部对高校艺术教育的重视体现在相关高校音乐教育一系列法规、文件的制定和实施上。如教育部办公厅关于印发的《学校艺术教育工作规程》《全国学校艺术教育发展规划(2001—2010)》《全国高校艺术教育工作研讨会纪要》《全国普通高等学校公共艺术课程指导方案》(教体艺厅〔2006〕3 号)，以及教育部、国务院学位委员会发布的《关于开展高等学校教师在职攻读硕士学位工作的通知》等，从学科定位、课程设置、专业学

位设立、教师建设、资金保障等诸多方面做出了明确规定，形成了从顶层设计到具体实施的高校艺术教育发展战略部署。

目前这种有制度但缺少保障的现象还普遍存在。通过广泛的调查与分析，可以看出高校音乐教育发展总体趋势令人鼓舞，但不少高校的公共音乐教育现状仍然令人担忧。靠个别教师的教学热情较大程度地改变这种发展不平衡的现状还显得力不从心。各高校对高校音乐教育的认识深度不同，相关的管理、监督的缺失或力度不足等使问题解决失去了有力手段和基本保障。即使在全国高校本科教学评估这样的极其重要的评估、建设工作中，艺术教育实施的常规的相关指标体系也少有严格的评审，如是否有独立的艺术教育机构、师资建设是否达标、课程建设是否科学、师生比是否合理等。教育部对于各高校的教学评估是高校艺术教育发展的最佳良机，切实执行则可以大大增强实际的检查、督导、建设和执行力度，实现全面的教学学科协调发展。

(三)教学管理主体责任意识亟待加强

艺术教育在高素质人才培养中越来越显著地体现出其不可或缺的优势和特色，各高校公共艺术教育需有一名校级领导亲自主管已经成普遍客观现实，但根据相关调查可以看出，大部分高校的分管领导多数还只是挂个虚名。切实建立教育教学组织机构、建立严格的教育教学管理机制、形成常规的教学规范之"梦想"依然难成现实。

就宁德师范学院来说，在尚无公共艺术教育的独立机构的情况下，开设什么课、哪些老师开课、哪些老师有资质开课、谁来管理、谁来监督等皆是不确定的问题。教务处每学期在少数教师自愿申报的基础上开设少量公共选修课程其实很难实施稳定的学科教学。其实，这些问题主要属于管理责任意识不强所造成的。每一位分管或负责的领导应该都是清楚的，除了个人的认识程度和角度不同外，当然还有更多的客观因素所致，但要不要负责、怎么负责、谁来监督、怎样被监督等实际问题亟待进一步明晰。我们都盼望着主抓艺术教育工作的领导都是艺术教育的支持者或欣赏者，也很期盼那些高校领导对于艺术或艺术教育的个人爱好和感情直接影响或决定艺术教育发展方向的不良现象越来越少。

(四)重视艺术实践活动，轻课堂教学的现象不可取

应该说艺术实践活动是每所高校皆极为重视的，每当学校举行什么重大活动或有艺术展演任务时，艺术教师多会得到暂时的"宠爱"。参加各种艺术节、文艺会演等能为学校争光更是学校想要的，在此方面投入很多也在所不惜。但往往刮过这阵风等下一场风已成为习惯，多注重结果而少关注平实的教学和训练也是常见的行为。也有一些学校的教师也真是读懂了领导的思想，一心热衷于活动、比赛等，将拿奖、获得荣誉作为中心工作，而忽视正常的课堂教学，甚至很少参与或放弃课堂教学。这些皆是有悖公共艺术教育基本思想和原则的，严重影响了高校艺术教育的实质精神。艺术实践活动是课堂教学的成果展示与检验，但这样的活动往往只关注和培养个别的学生，带有一定的功利性倾向，重视活动和荣誉本为正道，但影响课堂教学，忽视高校公共音乐教育的实质要求是极不可取的。活动十分需要，教学百分重要，科学发展是硬道理，真正理解高校艺术教育的精神内涵是实质性提升公共音乐教育水平的基础。

(五)教师队伍建设需进一步拓宽思路

目前，按照教育部的相关文件精神，成立公共艺术教育的专门组织机构的高校日渐增多，但师资的短缺依然是紧迫的问题。按照《全国普通高等学校公共艺术课程指导方案》(教体艺厅〔2006〕3号)的要求，担任公共艺术课程教学的教师人数应占学生总数的0.15%~0.2%，而实际的生师比例与这一要求还相差甚远。宁德师范学院已经通过了教育部的本科教学评估，但学校并没有借此机遇进一步促进公共艺术教育相关事务的发展，师资队伍建设依然未能提上日程。据笔者了解，本学期专门从事公共音乐教育的老师还没有，艺术系的专业教师也很少有意参与公共音乐课程教学，个别申请音乐选修课的老师基本上是教辅人员和行政人员，并不具备音乐教学的基本资质，说教师建设还处于零基础阶段是现实和客观的，学生本应接受音乐教育的机会和权利基本被剥夺。

喜欢音乐的学生是众多的，教师队伍建设远不能适应现实的教育需求，合格、稳定的教师队伍短时期内对于学校来说也有一定的难度，特别

是对于普通的二本高校，经济保障不充足，教师编制紧缺，困难是现实存在的，但其根源依旧是对于音乐艺术教育的本质了解不够、重视不足。其实，类似于宁德师范学院这样已经有基础较好的专业艺术院系，个别专业的师资充足甚至过剩的高校也不少，但公共艺术教育也未能发展起来。即便是一些由艺术系直接承担公共艺术教育的也很少能积极主动地实现教学效果的高效化。其主要原因是对公共音乐教育的认识还不够深刻，实质性接触和参与高校公共音乐教育领域研究的师资较少，更多的教师不愿意或轻视这种所谓的"非专业"课堂教学，很少主动承担这份"额外"的工作。

少数人在音乐教师严重超编，课时量、工作量严重不足且有可能影响职务晋升、职称评定等情况下才不得不申请公共音乐课程的教学，其教学效果可想而知。这种不良现象应该说比较普遍，我们要客观分析，不宜过于避讳。师资的数量和专业教学能力是进行教育教学的基本条件，但高校音乐教育不同于专业的音乐教育，属于素质教育、审美教育的综合教育理论体系。专门从事这方面研究的师资目前较为短缺，高校音乐教育研究方向的专门人才培养还不能很快地满足高校发展的要求，原有高校音乐教育教师在职攻读硕士学位的项目已经终止，这些都给高校公共音乐教育的合格师资队伍建设产生了不利的影响。更为遗憾的是一些高校师资在攻读完学位后逐步脱离了原来的岗位，背弃了当初研读的初衷，这对于高校音乐教育事业发展本身更是一种损失和伤害。

(六)教师的劳动需要切实得到尊重和认可

这几年从事公共艺术教育的老师在数量上增加了，大部分教师也多取得了相应的专业资格，也有一些老师逐步转向了专业音乐教育岗位，甚至放弃了公共音乐艺术教育的现象，但问题的出现往往有其内在的原因。

1.公共音乐教育长期处于相对弱势的地位

首先，客观地说，公共音乐教育普遍不及其他学科受重视，长期处于相对弱势的地位。有些高校的公共音乐教育课程安排往往缺乏连续性和稳定性，随机安排的现象比较普遍，这实质上是对公共音乐教育工作的认识还未跟上当今高等教育发展的新理念、新要求。那种只是为了增加选修课学分而设课的做法严重影响部分教师的工作热情和积极性，不利于引领教师们进行更好的教育思想、理念的深入研究和教学实践，更无助于教育教学良好效果的呈现，也得不到学生的广泛认可。

2.教师的切身利益得不到充分地保障

由于公共音乐教育学科难成规模，更难出效益，课程不能稳定，劳动得不到充分认可，自然其在整个学校的整体地位难以提升，被边缘化的现象较为普遍，严重影响教师相关课题的申报、教学经费的申请等诸多事项，甚至在教师职称评定等重要环节受到影响。这种恶性循环的形成在一定时期内难以扭转，缺少了劳动者的积极劳动和奉献精神，公共音乐教育事业的发展就缺乏了核心动力。

总之，高校音乐教育事业的发展已经在很大程度上取得了进步和成效，在教育思想及相关教育法律法规上有了明确的方向和制度保障，对高校高素质人才培养的潜在和现实意义认识清晰，但从现实状况复杂性和多样性观之，依然显示出监督、管理、考核的方式方法和执行信心、勇气、力度等方面的缺失和不足，个别领导者、管理者个人思想认识、情趣爱好等因素影响一个学校公共音乐教育的现象不应视为常态，师资力量的稳定和素质提升依然是重要的问题。

第二节　音乐教育在高校美育中的内容

一、艺术教育与音乐教育

艺术教育是以艺术形式为载体，通过艺术形式对人的思想进行陶冶，从而塑造具有艺术品位的人格。在艺术教育的实施过程中通常需要施教者共同参与艺术教育活动。在艺术教育过程中根据学生的不同艺术基础和对艺术的领悟能力，艺术教师对课程内容和课程深度进行不同程度的调整。有的学生在经过学习与训练后，呈现的艺术状态是专业化的。这样的学生以后一般会从事专业的艺术工作。也有学生在学习过程中呈现的状态仅仅是爱好，在技能和认知上也较为浅显。在这样的情况下，学习艺术的目的一般是以娱乐性为主，在教育过程中教育氛围相对较为轻松，与专业艺术教育相比，娱乐性较强。人们通过艺术教育的熏陶，审美能力、美的鉴赏能力都会有所提升，渐渐会对世界产生新的看法，会用审美的视角看待世界。

音乐教育是艺术教育的一个重要构成部分，在音乐教育过程中，根据学生的实际情况，也会出现两极分化，形成专业音乐教育和普通音乐教育。专业音乐教育也大致分为两类：一种是培养表演性和技术性音乐人才，如声乐表演、器乐表演、作曲、电子音乐工程等；另一种是培养全面发展的音乐教育工作者，如声乐教育、键盘教育、音乐教育理论等。高校音乐教育主要是指高校基础音乐教育。高校音乐教育的目的是通过音乐让大学生懂得如何艺术化地去生活，审美能力得以提升，陶冶大学生的情操，培养大学生的思辨能力。音乐教育，它的根本目标就是培养全面发展的人。

二、音乐教育的特质

音乐教育具有几个鲜明的特质。

(一) 乐教乐学

在快乐的状态下学习，在这样的学习状态谁又会不期待呢？在学习音乐的过程中，欢乐总会伴随身边，知识是在快乐的氛围下学会的。音乐是每一个人内心深处都十分喜爱的，人们在进行音乐活动时都会将内心打开，通过肢体与嗓音将情感表达出来。动作与嗓音是最直观的情感表达行为，婴儿在出生后语言功能发育不完全时就是通过动作与叫喊来表达自己的情感，人们在成长过程中总会有些许负面能量进入自己的内心，所以通过音乐的介入，将自己的情绪抒发出来，也是我们的一种本能。作为大学教师，笔者在教授音乐课时经常可以看到一种表情在学生脸上浮现，那就是笑容，所以音乐可以使人快乐是音乐教育的一个明显特质，学生在音乐中可以感受到乐趣，音乐响起时即使有些许不开心，也会在音乐流淌中将其带走。学生通过丰富多彩的音乐活动，不仅专业技能得以提升，审美能力、道德修养等都能得到升华。学生在音乐活动中蹦、跳、唱都是在体验音乐、感受音乐，音乐教育的最终目标就是为了育人，所以要让学生快乐地感受音乐。

(二)潜移默化

音乐的奥妙之处在于它能让你在不知不觉间感受到音乐之美,这是一种精神的洗礼也是一种境界的升华。音乐教育不会将技能技术强加于人,也不会对音乐学习者提出硬性条件,好的音乐作品会慢慢地感染欣赏者。音乐作品是作者的情感体现,作者会在作品中传达出有时无法用语言来表达的思想内容,有些音乐作品如同作曲家的孩子,在音乐作品中可以看到作曲家的影子,他的性格、他的脾气、他的内涵都可以在音乐作品中淋漓尽致地表达出来。在倾听音乐作品时音乐欣赏者也会在音乐作品的熏陶下不知不觉地向作者的某些特质靠拢,就像较为流行的"莫扎特效应"一般,有人说经常听莫扎特的音乐会使人变得聪明,记忆力会提升,原因竟是因为莫扎特是音乐神童。有科学家做出实证,莫扎特确实有一些作品可使人的大脑皮层变得活跃,这就证明了音乐作品可以将作曲家与欣赏者的精神世界相连,从而影响欣赏者的精神境界,使其精神世界也在不觉间发生变化。

在前面已经分析过音乐教育可分为普通音乐教育和专业音乐教育两大类。在此主要阐述的是普通音乐教育,也就是指所研究的对象是非音乐专业的高校和其中非音乐专业的大学生,教学方式是以课堂教学为主,教学内容是以音乐基础知识和经典音乐作品为重。高校音乐教育是为了提升大学生的审美标准,提升大学生的基本素养,以美育德,形成一种全面思考问题的思维模式。高校非音乐专业与高校音乐专业的音乐教育有所不同,它不会过度要求学生的演唱与演奏技能,而是以培养学生对音乐的热爱为主,提升学生的兴趣点,注重学生的艺术实践,陶冶学生的艺术情操,让音乐融入学生的生活中去,让艺术走进生活。

三、高校音乐教育的内容

现行高校音乐教育缺少系统的音乐教育体系支撑,许多大学生在小时候就缺乏基础的音乐教育,所以音乐素养并不高,这就使得高校音乐教育要加强。高校音乐教育在授课中涵盖了音乐理论、音乐鉴赏、音乐演唱演奏技法等课程。音乐理论主要包括：音乐基础理论知识，如基础乐理、读谱、识谱、曲式分析等这些都是了解音乐的入门知识，要想深入地学习音乐，基本乐理是必须要了解和学习的。中西方音乐史，如西方音乐简史和中国音乐史，对不同时期不同国家的音乐历史学习研究是演奏、演唱、欣赏音乐作品的前提，有些作品必须在了解作曲家及当时社会的情况后才能听懂、读透。了解这些理论知识后，实操练习也很关键，所以在高校音乐教育中，对于一些简单的乐器演奏也需要了解，如若有能力可以更加深入地学习。音乐实践可以在课上进行，也可以放在课下的第二课堂去实践，所实践的感受最后都会得到升华。音乐欣赏的学习是要引导学生，对于美的音乐如何欣赏，要让学生知道一些我们所熟知的音乐作品到底经典在何处？美在哪里？提升学生的审美能力也是高校音乐教育中的主要目的。

如何在高校大学生中进行音乐审美教育是我们高校音乐教育过程中的一个重要环节。说到高校音乐教育就不能不提到审美教育，审美教育会穿插在教学课堂中的每个环节。每一步教学体验不一定只是停留在听的层面，如果情况允许，也可让学生动起来，用肢体感受音乐、体验音乐。只有在体验中感受到音乐的美，才能对音乐产生浓厚的学习兴趣。在学生产生兴趣之后可进一步地进行引导，提升学生对美的要求，这样就可以逐步提高审美观。笔者经常听一些音乐教师说这样的话："一定要让学生去听古典音乐，因为只有古典音乐才是艺术的源泉，古典音乐才是艺术的标准。"其实，欣赏古典音乐确实是提升学生审美标准的一个好方法，但近些年的一些高质量的流行音乐也在朝着艺术化的标准去发展，所以对于大学生的审美手段，我们的选择也不可以单一化。让学生在音乐的熏陶下，阳光、自信、健康发展，是高校音乐教学工作者的责任，培养和提升大学生的艺术品位也是我们的义务。

四、高校音乐教育"以美育德"

从审美的视角看音乐教育，体会其中的内涵，通过感受美好本体，使人心里创立一种"美好关联"。在道德教育过程中，美育可以辅助道德教育，道德是人心理进化的一种社会意识形态，审美教育提升人的道德基本素养，净化养育人的灵魂，提升人的感知，当人的情操得以养护，道德修养自然会提升。

蔡元培先生提出了德智体美全面发展，还提出了"以美育代宗教"的观点。这样的提倡是希望教育能够更加理想化，教育能够放飞受教育者禁锢的心，让教育更加的全面。美育与德育是相辅相成的，我们现实生活中也有很多音乐作品是跟德育息息相关的。例如，高等院校的音乐课程中，很多的音乐作品并不仅仅是单纯的音乐教育，还跟德育息息相关。一首歌唱音乐作品由旋律和歌词组成，旋律自然而然地体现了音乐的本体，其蕴含的旋律性和音乐技巧，需要学生唱出来，充分体现了音乐性。同时，一首歌唱作品，还有歌词。歌词的部分就可以穿插德育的内容，歌词的内容可以教导学生生活中的道德常识，也可以描写关于道德教育的画面，还可以叙述一些好人好事。歌词的内容属于德育的范围，歌曲本身的音乐属于美育的教育范畴。从这种情况来看，在某种程度上德育和美育是可以紧密联系在一起的。以美育辅助德育的学习，以德育穿插美育的教学，两者相辅相成。所以这就是我们常说的"以美育德"。在传统概念下，我们要求德智体美全面发展。德育与美育虽然是两个完全独立的概念，但是在实际教学中两种教育并不是真的毫无关联。将两者结合，"以美育德"能达到更好的教学效果。我们都明白，音乐技能学习是漫长而不容易的，必须要有顽强的精神，若要在一些学习和竞赛中得到好的成果，就一定要有端正的态度，因此，要想学习音乐，并期望在音乐竞赛中获奖，都需要反复地加强练习，重复相同的动作训练。当别的朋友在做其他事情时，音乐学习者仍需刻苦练习。在台前歌唱、演奏，必须正确看待怯场等心态，需具有充足的决心与果敢去迎接台下的每一位聆听者的目光。若是不具备优良的心态，表演就不尽如人意。所以高校应将利用音乐教育可以造就人不易胆怯的特质，并且通过音乐可以让人变得越来越自信，用音乐教育来锻炼学生的胆量，去影响更多的大学生，帮助更多的大学生建立良好的心态。音乐教育对于建立大学生的团队意识起到了至关重要的作用。团队合作，是当代社会非常推崇的，无论做什么事情都需要团队间的协作，这样可以让学生少走弯路，通过团队合作学生会意识到原来在当前我们不再靠一个人去对应对事物，应该携起手来去处理和看待一些事情，而音乐教育就可以让学生意识到这点并且努力朝这一方向去做，增强其团队合作意识，帮助其建立合作能力，是我们作为音乐老师应当做的。因此帮助学生建立团队合作意识，提升团队合作能力，便成了现阶段音乐教育工作者的首要任务。在美育中也强调，要情感包容，音乐教育恰恰以它独特的形式可以做到这点。高校可以增加合唱排练或集体舞排练，或在布置作业时可以让学生以团队合作的形式合作完成作业。在音乐演奏中，如合唱、合奏、集体舞等艺术形式，都需团队协作，独立的个体是无法完成的，这就需演员相互配合，只有团队之间和谐共处，合同协作，才能完成漂亮完美的艺术作品，所以，各类艺术实践活动不但能够培育大学生的优良情操还可以培育学生人与人之间的相互合作能力，让他们明白做人的道理、尊重团队中的每一个人，从而感受集体主义精神。

五、高校音乐教育对学生"创造美"能力的开发

音乐教育可以使人们放松心灵，让心灵得到休整和疗愈，学生可以在音乐中感受到心灵的放松，从而对学生"创造美"能力的充分开发提供条件。

教育部提出，要把高校学生综合素养的培养重点放到学生的创造思维上，所以培育具有创造型人才是当今社会亟待需求的。高校音乐教育也就成为培养社会紧缺人才的重要途径与手段。

学习过音乐教育基础理论后，我们都知道音乐是可以开发人的右脑。人的左右脑分管不同的区域，也管理着人的不同思维，如果只是单一地发展一半大脑，就会造成大脑发展不均，通过音乐教育可以让我们的左右脑同时开工。这对于大脑平衡发展起着非常重要的作用。

科学技术的发展也离不开音乐教育，科技与音乐之间的关系是非常紧密的，有学者也认为音乐最初是属于培养逻辑性思维的学科，通过对音乐的学习可以帮助人们认知事物发展的客观规律。我们不难在生活中看到音乐教育的实践可以促进学生智力的发展，有研究表明学生在学习音乐前和学习音乐后的成绩具有一定的差距，通过学习音乐分数由班上的中下游进步到全班的中上游。这是音乐教育在帮助学生学习方面最直观的呈现。

科学技术与音乐是分不开的，世界上有许多著名科学家也是音乐演奏家，如爱因斯坦，他既是享誉世界的物理学家，也是一位具有高超演奏技

法的小提琴家。我国著名的科学家钱学森同样是一个经典的例子。钱学森本人既是一位优秀的科学家也是优秀的钢琴家，并且精通圆号的吹奏。美国新的教育课程STAME，就是一个最好的例证，它将艺术课程放在了科学技术中间，这就说明艺术可以帮助人们发展想象力和创造力。人们通过学习艺术会发现科技之美。好的音乐作品离不开创造性和发散性思维。我们既要追求科学完美也要追求艺术的完美。

第三节　音乐教育在高校人才培养中的作用

一、国家对高校音乐教育的要求

在1978—1998年，高校音乐教育呈现出发展最为迅速的阶段。艺术教育如同雨后春笋般迅速成长，很多关于艺术教育的会议和机构都得到国家大力支持。培育新纪元的综合素质人才成为党的十一届三中全会之后的重头戏，国家对人才的培养是渴望而又坚定的，大量的人力、财力都投入到教育事业中来，高校的音乐教育更是囊括其中。1986—1988年，国家教育委员会下发《在高校中普及艺术教育的意见》（国家教委〔1988〕教办字025号文件）和《全国学校艺术教育总体规划（1988—2000年）》等文件。从以上文件就可以看出国家政府对艺术教育的培养工作是十分看重的，关注力度也是持续提升的，此现象也表明全国艺术教育趋势都在回暖。1999年中共中央国务院下发《关于深化教育改革全面推进素质教育的决定》，党的十六大提出"促进人的全面发展"重要理念。

为了落实国务院《全国学校艺术教育发展规划（2001—2010年）》和教育部令第13号《学校艺术教育工作规程》，教育部体育卫生与艺术教育司于2003年在上海召开了全国高校艺术教育工作研讨会，在会议中有提到要求高校在艺术教育建设方面要持续强化，加大高校艺术教育的投入力度，让艺术教育在高校中全面发展。2006年，国家教育部发布《全国普通高等学校公共艺术课程指导方案》，并在课程性质、课程目标、课程设置、保障等四个方面提出实施要求和意见。如在课程目标中提到"要了解、吸纳中外优秀艺术成果，理解并尊重多元文化；发展形象思维，培养创新精神和实践能力，提高感受美、表现美、鉴赏美、创造美的能力，促进德智体美全面和谐发展。"在保障中提到"各校担任公共艺术课程教学的教师人数，应占在校学生总数的0.15%~0.2%，其中专职教师人数应占艺术教师总数的50%。"从以上国家颁布的种种政策中我们可以看到，国家在近些年来对于音乐教育是非常重视的，这是一个必然的发展趋势，在未来，国家会越来越看重高校中的艺术发展，因为这是人类思想的源泉。对于高校中的艺术教育，国家提出相关规定，高校的通识教育必须具有艺术教育，其中音乐教育又是一门不可缺少的课程，所以国家对于音乐教育的投入力度和重视力度也是相当大的，高校中基本都设定了音乐教育独立的研讨室，艺术教育发展研究会中音乐教育工作者占了一大半，而视觉艺术方向的教师所占比例却较少。作者在调查石油大学时也发现，学生们对于高校中开展的音乐教育课程非常喜欢，在上课的过程中，大家可以放下日常生活中的压力，以一种平常心和欢喜心去接受音乐教育带来的艺术熏陶。也正是在国家的大力支持和倡导下，国家许多高校音乐教育和艺术教育都得到了飞速发展。在我国大部分重点大学都成立了独立的艺术学院或音乐教研室并开设了艺术类课程的公共选修课，许多高校中的音乐教师都在报纸杂志上发表自己的论文，更有一些优秀的教师出版了个人读物，还有些教师利用当代科技设备，在互联网等平台上，注册属于自己的公众平台，在平台上定期发送自己的文章和音频。

随着我国艺术教育的蓬勃发展，很多高校的音乐教育工作者都在辛勤地为我国高校音乐教育默默无闻的做贡献。无论是在音乐教育课程大纲与音乐教育课程规划，还是在音乐教育课程教材编辑与音乐教育艺术实践等方面，他们都在做积极的探讨与研究。

我国的高校音乐教育正逐步与国际高校音乐教育接轨，这是我们共同努力的成果。音乐教育在它的发展过程中，人们开始熟知它的特殊性，它不靠外在的强迫，它靠的是一种内在的熏陶与感染，它让人的内心变得柔软，让人变得更容易接受其他新鲜事物，内心更加开放。它不会强迫人去进行脑力开发，它不会强迫人去建立一种思维模式和道德标准，它会潜移默化地去影响人做改变，这是一种润物细无声的感化。人们在音乐中修正自己，从思想到行为的转变，这正是音乐教育的本质。

二、人才培养与高校音乐教育的关系

音乐教育的主要目的是：育人。国家立志于培养"一专多能"的全方面进步新人才。大学生在美育的指导下应当培养出智慧型、思维型、创新型的人才，在音乐教育的熏陶下人的发展不再是单一的、乏味的、固化的而是成为具有灵性的，善于多面性看待事物的人。

高校音乐教育除了培养和建立大学生正确的人生价值观外，还培养了大学生明确的崇高审美观。大学生音乐教育活动对于培养学生的探索精神是非常有用的，学生在探索中发现美与丑、好与坏，通过教师的引导能够做出独立的判断和是非曲直的分辨能力，这是音乐教育的力量。好的作品、经典的创作都是在良好的音乐教育中呈现的。我们常说学习音乐可以开发学生的大脑，在高校中通过音乐教育的实施，可以迅速看到学生智慧的结晶。但是人才的培养不可以急于一时，就如同一首经典的作品，作曲家在曲谱上经过深思熟虑思考写在五线谱本上，这仅仅是作曲家的一度创作。演唱、演奏家经过自己的理解将音乐作品呈现出来这是二度创作。聆听者对音乐作品进行聆听和评价这是三度创作。从以上分析可以看出来，音乐是一个时间的艺术，在音乐流淌的过程中，也是"几经波折"。所以高校人才培养也如同音乐一般需要时间的沉淀。

音乐与其他艺术不一样，它不能像文学与电影、美术那样直观地将一些信息传达出去，它有它独特的艺术形式和表达方法，这就要求音乐教师在教学过程中让学生发挥他们的想象力，想象力与创新力的培育在高校人才培养中也是占有重要位置的。教师对音乐的领悟才能、对音乐的表达才能都会直接影响着学生音乐感受能力和审美能力。提升学生的审美能力也是高校人才培养计划的一个要点，教师在教学过程中一定要将范唱、范奏做准确。让大学生对所学习的音乐作品有一个准确而完整的印象，这样可以激发大学生学习音乐的兴趣。教学中教师的引导也非常重要。通过音乐基础理论的学习、音乐实操课的练习，学生的语言表达能力，团队协作能力，内心听觉能力，知识拓展能力都有所提升。在经过合唱训练后，学生对团队合作会有新的认识，学习过我们本民族的音乐会增加爱国主义观念，为培养优秀的爱国主义人才做出贡献。高校音乐的开设也是希望通过此类课程让大学生具备审美观察力和审美感受力。

（一）音乐教育可以改正高校人才审美观

现阶段高校大学生的审美观有不少都存在扭曲的状态，这是各方面的影响造成的，可能是原生家庭造成的，可能是基础教育过程中造成的，也可能是社会因素造成的，扭曲的审美观让人对美的认识产生怀疑。本来是很美的事物，在审美观扭曲以后，对美的事物已觉察不出来。这是需要高校音乐教师去引导，让学生知道什么才是美的事物。就如同民歌，很多大学生现在不愿意听民歌，他们觉得民歌刺耳，不接地气，在平常如果有人听民歌，很多大学生甚至会觉得怪异，这是怎么回事呢？原因一，因为随着社会的发展，电视文化传媒的影响，很多大学生接触中国民歌的渠道减少了，在电视上，在广播里，民歌出现的概率远远不如流行歌，再加上现在大学生们喜欢玩微信、微博，所关注的音乐平台和音乐圈子接收到的音乐种类和可选择性大大增加，对于民歌的关注度就会减弱。原因二，在成长的过程中家长的引导也是非常关键的，有些大学生所在的成长环境就没有音乐的熏陶，家长在日常生活中很少听民歌，孩子就更不会去寻找民歌来听了，我们从一些电视节目上可以看到，许多现在唱民歌的歌手就是在家长的影响下走上演唱道路的，所以原生家庭对于大学生的音乐成长是非常重要的。原因三，老师没有在音乐引导方面注重民歌的倾向性，现在很多高校音乐教师在给学生上音乐课时还是很注重西方古典音乐的欣赏，所看的音乐剧和音乐电影也都是以西方国家为主的，如意大利、法国、德国等，但是一提到中国的民歌，很多高校音乐教师在教授方面给学生的引导是不到位的，这就导致学生根本不知道民歌到底美在哪儿，为什么会有人听起来觉得很享受，我们应该去欣赏它什么？所以高校音乐教师在课程内容的引导上面也要全面。以上我是以民歌为例，其实其他音乐也是一样，都需要上述因素去做改编和影响，这样大学生就知道什么是美的，他们的扭曲审美观也就慢慢改正了。

（二）音乐教育可以提升高校人才的审美要求

目前高校人才中，存在着对审美无要求的现象，对于审美无要求也就意味着审美能力无法提高，一个人的审美能力是对于美的一种表达能力，通过高校音乐教育，就可以让大学生提升他们的审美能力。

首先，通过音乐可以让大学生提高感受美的能力，音乐是最直观的美的表达，人的听觉是接受和反馈音乐美的直接渠道，在优美的旋律熏陶下，大学生可以直接接受和感知到美，这种音乐所传递的美是不言而喻的，有时是用语言无法表达的，这是一种心间的共鸣。在通过直观的传达后，大学生感知到音乐美，慢慢地对于美的感受能力也就开始有所提升。

其次，音乐可以增强大学生对美的想象能力，音乐艺术是一种给人以无限遐想的艺术门类，每个人在听到一段旋律以后的感受都是不同的，因为每个人的想象能力是不同的，比如，同样一段旋律，有些人听到后感到很悲伤，有些人听到后却觉得很愉悦，这就说明音乐是可以带给人们想象空间的，这样的想象力是可以帮助大学生解决日常许多事物的。国家现在也在提倡，让大学生的想象力空间再大些，这样我们的世界就会出现更多可能，很多我们原来不敢去想的事，通过音乐都可以将这样的想法激发出来。

最后，音乐可以提高大学生对美的鉴赏能力，引导大学生如何去鉴别美是非常关键的一步，什么是美的？什么是丑的？我们为什么说这个事物美？又是怎样发现它的美，作为高校音乐教师都应该去解决这些问题。大学生对于美的理解可能都存在各种差异，不同的人对美的理解也是不一样的。通过音乐就可以解决上述问题，不同的音乐有不同的美，风格不同，感受不同，每种音乐都有它特有的美，大学生需要去鉴别，通过鉴赏音乐，大学生会逐步发现不同风格的音乐"美点"在何处，渐渐地，大学生会将这种能力向外扩展，扩展到艺术的各个领域，会让大学生知道不同事物的"美点"都在哪里，这是高校音乐教育带来的能力。

(三)音乐可以增加高校人才对美的理解能力

对于美，大学生是如何理解的？在理解美的过程中大学生又会发现美的内容是什么？理解美是为了更好地表达美和传递美，往往一个人对于"美"有完美的、透彻的理解，他所表达出来和传递出来的艺术也是趋于完美的，对于美的理解力每个人的认识是不一样的，在笔者看来美的理解能力是美的其他能力的基础，只有美的理解能力增加了，美的其他能力才能够提高，而高校音乐教育通过引导学生倾听优美的音乐，对音乐进行层层剖析，让学生对音乐的美更加理解和了解。音乐只是一根引线，目的是通过音乐拓展到对其他艺术门类"美"的理解。大学生的理解能力本身较强，通过诱导，学生是可以懂得如何将作品和艺术品进行剖析看问题的。

对于审美要求的提升，高校音乐教育应在最短的时间内适时做出调整，因为大学生的审美要求提升了，整个社会的审美要求就会做出改变。大学生是社会的中坚力量，通过音乐教育，高校的审美要求一定会有所提升。

三、高校音乐教育的作用

(一)通过音乐教育，大学生可以感受到美

美的声音，美的情景，美的感受，美的共鸣，音乐可以让人身心愉悦，它对人的感染是极大的。音乐教育是学生们十分喜爱的课程，音乐的种种元素构成了一幅非常唯美的画面，好的音乐可以让人振奋。优秀的音乐作品不论是节奏、旋律、力度，还是曲式结构都可以将人的情绪带到制高点和沉入最低点，如同坐过山车一样。经典的优秀音乐作品会净华人的心灵，陶冶人的情操，促使人类进步，让人在不知不觉间产生一种默化潜移的积极作用。情操是一种高尚的情感体验。长久以来，通过经典的、优秀的民族音乐歌曲，许多大学生都因此对祖国产生浓烈的感情，许多关于祖国的历史文化也通过歌曲表达出来。正是因为这一点，关于道德修养、精神文明建设的歌曲都出现在了大众的视野。这对大学生来讲，是一种潜移默化的熏陶与教育。例如《弟子规圣训》《国家》等都可以提升学生们的道德修养，这些优秀的音乐作品处处流露出中国的优秀文化，通过歌曲的传唱，传递出正确的道德思想和爱国精神，可以通过一种轻松的方式对大学生进行思想教育，指引学生去爱党、爱国家，现如今这样优秀的音乐作品非常普遍，在各大音乐平台上都可以找到，方便学生去聆听，也为品德教育的学习提供了更方便的平台。

（二）通过音乐教育，可以让大学生感情得到升华

大学生在初入社会之时需具备优良的情感素质，现如今只具有一定的科学文化素养已不能应对当今的社会发展，除了科学文化素质外，较高的情感素质也是如今社会发展的必要条件。审美教育就可以帮助我们解决这个问题，审美是从人一出生就具备的一种本能，人在进行音乐活动时，审美活动就会出现，为了让我们与生俱来的审美能力有所提升，或者说能够更加客观地将审美活动进行下去，就需要教师的引导，要让学生在欣赏音乐的过程中感受美、体验美、发现美。我们都知道音乐是情感的艺术，音乐作品无疑将情感生动地反映出来，它在潜移默化地影响着人们。所以将优秀的音乐作品带入课堂，对学生的思想观念进行音乐美的熏染，这是促进学生发现美的有效手段和方法。

（三）音乐教育可以拉近人与人之间的距离

在课上，高校音乐教师是音乐"美"的引导师，在音乐课堂中，引导学生进入一个自在的、美好的课堂氛围，将美妙和谐的音乐佳作传递到学生的耳边，进入到学生的内心，让学生去感受作品的内在与涵养、体会音乐作品所传达的精神以及感情表达，去培育和提升学生对音乐佳作的感受和鉴赏力，产生良好的审美准则，提高学生的道德标准。音乐教师可以引领学生有感情地欣赏和感受，从而使学生的灵魂得到净化，让思想指导行为，发现美和创造美。我国20世纪80年代艺术教育与科学教育开始快速发展，人与人之间的"距离"在慢慢缩短，人与人之间的"近距离"对人的各个方面都产生重大影响，在社会的发展中离不开人际交流。所以，大学生应在各种活动中崭露头角，去慢慢体悟社会人与人间的关系，懂得如何与人和谐共处。要想在工作中取得不错的成绩，大学生要懂得艺术与科学等知识，同样也需要具有和人交流、和人协同的本领。通过高校音乐教育，能够提高大学生的综合技能，使其在社会生活中能够得以适应。

（四）音乐教育可以疗愈大学生的内心

大学生在进入校园后，过度的"自由"反而让学生感到不自在，从原来

在高中"军事化"的学习过渡到如今"没人管"的处境，有些学生就会将学业搁置一旁，去忙些毫无意义的事情，并没有将精力全部投入学习中，有一些学生表现出厌学、逃课等现象。这些现象都表明，当代大学生缺乏美育。音乐治疗作为新型的学科，已经说明通过音乐是可以治疗一些心理疾病的。音乐可以激发人体内的多巴胺，这种物质可以让人产生兴奋的情绪。在美好的音乐环境下，人们一般能够放松心情，舒缓内心的压抑情绪。高校通过音乐教育，帮助学生改善生活和教育环境，使学生的心中都充满着爱与感恩，这是属于音乐的独特属性，它可以消除消极的情感，带动积极情绪，并为其心中播撒爱的种子，有利于大学生的身心健康。用积极乐观的心态去面对生活中的人和事，摆脱不好的负能量，用音乐引导和创造美丽人生。

第四节　我国高校音乐教育的本质特征及其价值分析

一、音乐教育的本质

音乐教育是以音乐艺术为媒体，以审美为核心的一种教育形式。它是一种艺术教育，属于美育的范畴，是我国教育方针的组成部分，是实施美育的重要内容和途径。音乐教育包含有两个方面的含义。一方面，它具有教育的基本属性，它与学校德育、智育、体育等方面的教育一样，都能对教育者实施一种有目的、有计划、有系统的影响，其目的在于使受教育者得到充分、自由、全面地发展，把他们培养成为"四有"新人。因此，它同样应遵循教育的共同规律。另一方面，音乐教育又有其自身的特殊功能、目的和规律，它是以音乐审美活动为核心，通过音乐美的形式和内容，感染受教育者，发展他们的美感和感受美、鉴赏美和创造美的能力，培养他们高尚的道德情操和文明习惯，促进他们的智力和身体的健康发展。音乐教育着重培养的是艺术教育所特有的、能对学生终身发展产生影响和作用的基本能力与素质，如审美情操、审美理想、审美趣味、音乐审美能力、想象力、创造能力等。因此，同样要遵循审美教育的特点和规律，注重情感体验和个性的特点，因材施教，使学生积极主动活泼地学习。总之，音乐教育最基本的性质，就是它具有审美性，它是通过音乐媒体进行教育的一种审美教育，它是实施全面素质教育的一个不可缺少的重要组成部分。

二、音乐教育的特征

音乐教育的本质与其特征是密不可分的。本质是特征的内在规律，特征是本质的外在表现。作为审美教育的重要组成部分——音乐教育，具有情感性、形象性、愉悦性、主体性等基本特征。

(一)情感性

音乐不是表现事物本身，而是直接抒发人的内心情感世界，它能够以真挚、生动、深刻的情感去拨动人的心弦，比其他艺术能过更直接、更有力地打动人的心灵。以艺术为媒介，以审美为核心的音乐教育最具有情感性的特征。音乐教育情感-体验过程是经过以爱美为特征激发培养学生对音乐学习的兴趣的情感唤起阶段；以鉴赏美为特征，培养学生感受、体验、鉴赏、评介音乐美的情感体验深入阶段；以创造美为特征，将内在审美情感体验客观化、对象化、形式化的情感外化阶段。总之，音乐教育处处离不开情绪唤醒、主观感受与体验，离不开情感层面及其活动。它的一切活动，核心在于情。

(二)形象性

艺术教育总是以一定鲜明生动的艺术形象为基础内容的。音乐是通过音乐语言来塑造独特的音乐形象。它通过复杂的人类艺术形象思维间接表现客观世界，它是通过感知、联想、表象、想象等心理活动构成的有思想情感的有审美价值的内容。音乐教育体现形象性特征，是由于形象性有助于促进受教育者对音乐的感受与体验、鉴赏和评价、表现和创造能力，所以在音乐教育方法和手段上，努力寻求听觉、视觉甚至运动觉等方面的感受中介，通过联觉和意象等心理过程达到对音乐的准确感知和深刻理解，是很重要的一方面。

（三）愉悦性

音乐给人以愉悦感是通过听觉产生的一种"审美趣味判断"。它是审美经验积淀的心理反应，是一种美感享受。在音乐教育中，愉悦性可以构成一种审美的本质力量。这种"快乐式"的教学，赋予音乐教育强大的生命力，如果引导得当把音乐教育的愉悦性从"悦耳"升华到更高层次，从而较好地感受、领悟音乐的内涵，获得更高境界的审美自由。通过音乐教育的审美过程，培养学生高尚的审美情趣，完成美感的实现，正是音乐教育旨归所在，是音乐教育的重要特征之一。

（四）主体性

音乐艺术具有主体性特征，它不是单纯的"模仿"或"再现"，而是融入了创作主体、表演主体乃至欣赏主体的情感。音乐教育具有主体特征，一方面是因为音乐艺术的主体性特点。在音乐教育教学过程中，学生不是观众、听众，而是各种音乐活动的参与主体、是音乐创作者、表演者、欣赏者、评论者。参与的形式尽管多种多样，但是受教育者主体地位是突出的。另一方面音乐教育不仅"适应人的向善求美的需要，让人的情感在伦理亲情、认识兴趣、创造冲动、审美体验、理想憧憬等方面获得满足"，而且通过对需要的调节和引导，人持续地从追求"完美"和"超越"中获得满足，终于形成一种情感上的"定势倾向"。"这时，由于个体的需要得到了满足，自己的选择得到了实施，所以，人感到不是必然总体在主宰、控制、排斥偶然个体，相反是偶然个体主动寻找、建立，确定必然总体，人便产生了自我超越的快乐感、高尚感和幸福感。"这就是音乐教育具有主体性特征，在情感教育方面所深蕴的含义。

三、现代音乐教育的价值

（一）现代音乐教育采用的教育模式本身体现了现代音乐教育的价值

现代音乐教育与21世纪多元化教育的态势相适应，它采用新的教育模式。这种教育模式是指从工业化社会的统一模式转变成适应信息社会的多元化态势、较灵活的教育模式。它直面未来，从音乐教育时间的延展、教育空间、教育内容、教育手段的多样化来促进丰富的、有个性的、富于创造性的个体形成，受教育者将成为主动的学习者。

1."终身教育"已为人们的普遍认知

从音乐教育时间上观察，"终身教育"已为人们的普遍认知。现代音乐教育不仅局限于青少年时期，它已扩展到人的一生。音乐胎教对婴幼儿早期智力的开发越来越受到人们的重视；继续教育为人们更新、补充知识，适应职业需求提供重要帮助；老年音乐教育也将极大丰富人们的闲暇生活和精神需要，"活到老，学到老"从未像今天这样积极地、迫切地被融入人们的生活。学习已成为人们生活中不可或缺的一部分。

2.学校、家庭、社会的教育将逐步融合

从音乐教育空间观察，随着现代信息技术在传统音乐教育、教学中的应用，学校、家庭、社会的教育将逐步融合。除了学校的正规传统音乐教育外，还有内容丰富多彩、形式千变万化的学历教育、非学历教育以及职业培训、电视讲座等。随着现代传媒的高度发达，远程教育也已经成为现实。各种教学资料如中央音乐学院、中国音乐学院、上海音乐学院等著名专业音乐院校的专家、教授的示范教学光盘在全国公开发行。尽管这些光盘不能替代系统的音乐教育，但它毕竟可以使人们在家中就能够欣赏到过去只有少数步入神圣音乐殿堂的佼佼者才能聆听的大师的教导。另外，音像资料空前地令人目不暇接。古典的、现代的、严肃的、流行的，无论哪种风格的音乐磁带或光盘，人们随手可取。音乐信息资料如同超市货架上的物品，人们在家中就可以在互联网上随意点击对自己有益或感兴趣的任何音乐信息。整个社会已经变成了"没有围墙的学校"。

3.现代音乐多媒体等科技成果的使用使教育形式多样化

在音乐教学手段上，不再单纯是教师讲课、学生听或师傅带徒弟等单一模式，现代音乐多媒体等科技成果的使用使教育形式多样化，大大丰富了我们的音乐教学手段。现代音乐教育的教学模式采用开放的、多样化的方式，教育主体将考虑受教育者是否有兴趣学，学得是否愉快。它会从受教育者的角度出发，发掘每个人的个性潜能，强调学习过程中能力的增长，保持学习主体的新鲜感和习得的满足感。

现代音乐教育采用的这种多元、开放的教育范式，使现代音乐教育成为一种可持续发展的终身教育。而传统音乐教育特点是统一化、同步化、标准化。学校教育的重要任务是培养职业劳动者。其教育实施方式与20世纪工业化社会相适应。传统音乐教育内容注重技术技能的传授，教育的主要对象是青少年。学生接受的是强调正规化、规范化、统一化、标准化、被动式的学校传统音乐教育。音乐学院或师范院校的学生手持毕业证书，带着学校中多年不变的教学内容，高枕无忧地走进今后的社会生活，在他们的传统音乐教育工作中使用同样的教育模式普及着同样的内容，复制同样单一的产品。

从储备劳动力的角度来看，传统教育的普及、发展具有积极意义。但从教育适应现代化的角度来看，以教材、教师为中心的课堂教学，强调了人性中的集体适应性，却忽视了人的个性和人的创造性。而现代音乐教育是放眼世界的，要实现其价值，内容、模式必然要发生变革与拓展。21世纪是一个知识急剧膨胀的时代，现代通信技术能将世界最新信息瞬间传递到地球的每一个角落。知识以人所预料不及的速度铺天盖地而来，任何一个普通人，面对如此巨大的信息量，想成为一个百科全书式的人物是不现实的。将学生当容器，以传播和填充知识量见长的传统教育模式已经显得很不适应。更何况知识陈旧与更新的速度显然越来越快。现代音乐教育在培养受教育者具有和谐个性，具有创造力、丰富的情感、多彩的艺术想象力；培养高度的自信、饱满的创造热情以及坚韧的毅力、足够的耐心；培养高度的灵活性、细致的观察力、敏锐的反应能力和综合协调能力等方面体现出它与传统音乐教育价值的不同。

(二)现代音乐教育是开发右脑形象思维的最直接动力

诺贝尔医学和生理学奖获得者、美国神经生理学家R.W.斯佩里揭示了大脑两半球功能的不对称性和右半球的许多高级功能。他的实验成果为我们更深入地研究音乐与语言、抽象与直觉、思维与想象等方面的知识提供了神经生理学基础。根据斯佩里的研究，我们认为开发全脑，即将长期以来被忽视的大脑右半球的功能加以研究和开发利用，使大脑左右两半球的运作相互协调、相互配合、相互补充，并通过两半球的协调活动的整合功能提高人的形象思维能力，增强人的创造力。斯佩里的实验成果表明，人脑两半球具有相对独立的意识活动。大脑两半球基本上以不同的方式进行思维：大脑左半球同人们的抽象思维、象征性关系以及细节性的逻辑思维有关；右半球主管形象思维，同知觉空间有关，它具有音乐、情感、绘画、综合、整体协调和几何空间的鉴别功能。所以，左半球是一种抽象思维，其活动方式具有有序性、延续性和分析性。右半球的思维活动方式则具有无序性、跳跃性、直觉性。实验表明，大脑两半球在不同功能上各具优势。

因此，开发右脑功能，发展形象思维的重要性被突出了。国际教育发展委员会主席埃德加·富尔，在向联合国教科文组织大会提交的报告《学会生存》中就指出，要重视全脑的开发。实际上右脑中的很大一部分潜力都还未被加以利用。所以，就某种意义而言，开发全脑即"开发右脑"。开发右脑则必须发展人的形象思维能力。而现代音乐教育对开发右脑形象思维具有直接、有效的作用。音乐艺术首先是一种听觉艺术，它不同于戏剧、电影、绘画那样是直观可见的，它通过乐音塑造形象，是一种用声音造型的艺术。它进入人们的听觉系统，引起人们的联想，从而获得一个仿佛可以感觉到的听觉形象。这种听觉主体由音乐唤起、展开丰富想象产生内化的听觉形象的思维，是音乐的形象思维。因为音乐的旋律和情绪都是由右脑来感受、吸收和做出反应的，所以现代音乐教育的功能很重要的一点就是开发右脑、发展形象思维。

通过现代音乐教育活动促进人们的感受力、记忆力、表现力、想象力和创造力。主体对音乐越敏感、想象力越丰富，他的形象思维就越发达。心理学研究表明，儿童天生就对音乐十分敏感，在胎儿期就能听到母亲的声音，对熟悉的音乐能产生积极的反应。听觉主体想象力是否丰富，与儿童生活经验的多少、所积累的表象是否丰富密切相关。现代音乐教育中的情境教学、欣赏活动不仅能够引导儿童将他们对音乐作品感知的意境自然地流露出来，还能够让他们感受各种音乐作品中所表现的丰富多彩的艺术形象，受到美的熏陶和感染，产生情感共鸣，丰富他们的想象力，产生各种联想和想象。现代音乐教育中培养儿童音乐思维能力的一些活动，能够激发儿童独立思考，有助于引导儿童创造性地表现音乐，有益于他们发挥想象力、创造力。由于形象思维具有形象性、整体性、概括性、跳跃性、直觉性、非语言性和富有情绪色彩的特点，我们还可以通过加强音乐欣赏，积极培养学生的直觉能力，引导学生，通过培养丰富的音乐情感体验、加强音乐记忆、促进形象思维发展等手段，进行形象思维的训练，发展学生的形象思维能力。

音乐是兼有表情性和造型性的艺术，具有不确定性的特点，在培养联想、想象力和情感方面有很重要的作用。以前的音乐教育忽略了这方面的培养，过多地注重音乐知识和技能的传授，限制了学生形象思维的发展。因此现代音乐教学探索开发右脑、培养形象思维的新途径是我们不容回避的新课题，同样，现代音乐教育作为形象思维训练和发展的最直接动力，因而具有重要意义和价值。

（三）现代音乐教育是塑造健全的人格与精神、实施完整教育的有效途径

根据国内外的有关研究，健全人格具有这样几个特点：内部心理的和谐发展；能够正确处理人际关系、发展友谊；能将自己的智慧和能力有效地运用到能获得成功的工作和事业上。具有健全人格的人的命运并不仅仅决定于智商，还取决于"情商"。日常生活中，我们或许曾对某些事例感到困惑，智商高的人生活并不如意，而智商一般者却获得极大成功。然而我们很少注意到这些人的人格因素。人格缺陷会给社会、家庭甚至身体健康造成不利，甚至毁坏一个人的前途。部分儿童的人格缺陷甚至会导致心理压抑、饮食失常、冲动好斗以及暴力犯罪等后遗症。与之相反，促进社会繁荣的成功人士一般具备极佳的人际关系、极强的工作能力。具备这些特点要求成功者能够自我认知与自我控制，要有毅力、热情与自我激励、移情以及社交能力。而这些恰恰体现了一个人的健全人格。

人格品质不是与生俱来的，它是受后天环境影响和教育熏陶而逐渐形成的。艺术教育是一种感悟教育音乐作为人类文化的一种重要形态和载体，蕴含着丰富的文化和历史内涵，以其独特的魅力伴随着人类历史的发展，满足人民的精神文化需求。音乐艺术作为一门情感的艺术，它存在于

创作者的心智当中，反映创作着的神思情感；存在于表演者的弓弦之中，体现着二度创作者的演奏格调、情感升华；存在于欣赏者的心灵之中，表现于审美趣味、情感判断。通过现代音乐教育能使人的情操得到陶冶，心灵得到净化，它是培养健全人格的重要途径。健康的音乐都是教给学生真、善、美，丰富学生的人格精神内涵，培养学生健全人格的好内容。

另外，优美的音乐还能滋润和抚慰人们的心灵，激烈的音乐能使人烦恶的情绪得到宣泄，使人们保持平和的心境。因此，现代音乐教育，应当是人了解环境并与自然环境和社会环境相沟通的一种手段，它不仅能够将对音乐艺术的美的追求融入人的个性，引导人感悟美、并把美吸收到性格中去的能力，还应当发挥在某些时候激发人的精神力量，调节人的精神面貌、净化人的心灵的巨大功能。《学会生存》中说教育既有培养创造精神的力量，也有压抑创造精神的力量，教育在这个范围内有它复杂的任务。这些任务有：保持一个人的首创精神和创造力量而不放弃把他放在真实生活中的需要；传递文化而不用现成的模式去压抑他；鼓励他发挥他的天才、能力和个人的表达方式，而不助长他的个人主义；密切注意每一个人的独特性，而不忽视创造也是一种集体活动。这也正是现代音乐教育的重要任务。我们完全可以利用音乐，在系统、完善的现代音乐教育过程中对儿童进行健康的人格培养，弥补传统教育的不足，与知识技能的教育共同构建完整教育的框架。

四、现代音乐教育价值的实现

能否有效开发和利用现代教育资源关系现代音乐价值实施的成败。进入 21 世纪的现代音乐教育处在一个相对开放的教育环境中，教育的硬件（教学设备等）和软件资源（人和社会的资源）发生了很大的变化。现代音乐教育必须充分了解和利用现代教育环境与资源，在教育过程中完成现代音乐教育价值的实现。

(一)现代音乐教育价值的实现必须充分了解和利用人的资源

现代音乐教育价值的主要依靠教育过程中教师和学生这一对主体的相互活动而实施。所以，在人的资源中，我们主要讨论教师和学生两个最主要的因素。二者在现代音乐教育过程中的相互关系为教师占教育主导地位，学生占学习主体地位。现代音乐教师要进行创造性教学，使学生获得和谐的可持续发展，除了具备自身的条件外，必须要充分了解学生的音乐潜能和发展情况。

1. 学生的音乐潜能

现代音乐理论研究表明，学生从儿童时代起就具有特殊的音乐潜能。所谓儿童的特殊音乐潜能，是指在唱歌、谱曲、弹奏乐器等音乐活动中，儿童所表现出来的杰出才能，或者是相对其他同龄儿童发展更为迅速的音乐能力。音乐能力主要由以下四种基本成分组成：音乐的感知能力，包括音高感、音强感、声音长度感、曲调感、节奏感、音色感、和声感、音量感；音乐的记忆和表象能力，包括音乐听觉表象、肌肉运动表象、音乐创造想象、音乐记忆广度能力；音乐的情感，包括音乐情感产生的速度、强度和深度；音乐的运作能力，包括音高、音强、时间、节奏、音乐、音量的控制。某一具体的音乐能力是上述基本功成分的有机结合。

儿童显示出特殊的音乐才能，具体地表现为三个显著特征。很早就表现出对音乐的敏感性，有的甚至在摇篮时期，就表现出对音乐的自然情感，伴有强烈的情绪反应，如当出现唱和其他声音，或有节奏的活动，这些婴儿就会十分安静专心地倾听。早年具有理解和表演音乐的才能，他们大多数在 6 岁时能听简单的曲子与和声，并在钢琴上弹奏出来。对音乐的辨别能力发展早，约有一半的钢琴家在六七岁时就已表现出精确的音准，听到一个音，就能毫不犹豫地准确地唱出或弹奏出。研究发现，音乐领域中能力早期显露的现象较为常见，儿童在 3 岁左右开始显露音乐才能的情况最多。需要指出的是，音乐才能与传统智力或思维测验成绩间并无显著关系。

不过，对音乐才能的深入研究发现，音乐才能并不只是一种单一的能力，而是某些能力的综合。著名的西寿尔音乐才能测验就是根据这一假设编制的。因此，了解儿童音乐才能发展的特点，遵循音乐发展规律，在儿童音乐才能刚刚显露的时候就能够敏锐地发现和加以正确引导，是现代音乐教育中每个作为创造性的音乐教师应该做到的。现代音乐教师必须对学习主体的音乐潜能、音乐才能发展规律和过程有足够的认识，才能在教育过程中采取适当的教学方式，给学习主体自由的空间，使其音乐个性和才能得到健康、持续的发展。

2. 创造性的音乐教师

现代音乐教师应具有创造教育思想、创造性思维能力和创造性人格，才能有效从事现代音乐教育价值的工作。现代音乐教育活动中教师的素质要求：必须具有创新意识、创新手段和创造热情。一个创造性的教师应该具有创造性人格，并在教育活动中表现出创造和革新的品质，在教学活动中发现、培养、发展学生的创造力。音乐教师作为现代音乐教育的主导者，其自身的观念意识、教育风范以及渊博的知识都会在一言一行中潜移默化地影响学生，他们是在校学生尤其是中小学生所崇拜和模仿的对象。

要培养适应社会需求的创造性人才，这就对我们现代音乐教师提出了新的要求。霍斯曼在《艺术与学校》一书中，提出了作为称职的现代艺术教师应具备的 10 种素质：想为年轻人工作；是一个富有创造性的艺术家；具备所教课程的必备技能；是一个教学计划的制定者与革新家；对所有艺术及其在社会与人类文化中的作用较为敏感；是地方艺术博物馆或艺术中心的成员；具备艺术史与建筑学方面的知识；对流行的艺术书籍、画廊、国家与地方上的艺术家、电影等比较了解；懂得如何将知识传授给学生，同时又能从学生那里获得具有创造品质的作品；有一个充满艺术气氛的住处，能使来访者意识到艺术是居民生活的重要部分。霍斯曼所提标准是完美的、全方位的。虽然我们有些条件并不具备，甚至有些条件不太适合我国国情，但正如郭声健在《艺术教育论》中所分析的：霍斯曼的标准……从心理准备到技能准备，从课程教学到计划制订，从自身专业到相关艺术，从学校课堂到家庭住处，几乎无所不涉及……（它）对我们具有很大的参考价值。

现代的音乐教育者，肩负的不仅是课本规定的教学任务，他们还必须担起对儿童进行综合素质教育、塑造健全人格以及培养、发展创造个性和能力等方面的艰巨任务。他们必须对自身提出更高的标准和要求。上述有关国内外对于艺术教师的素质标准和要求可作为我国现代的传统音乐教育工作者之参照标准。总之，作为现代音乐教育的音乐教师要不断更新教学观念，不断学习、吸收或创造有效的教学方法和手段，才有可能在充分尊重学生的个性、遵循个体音乐特性发展的原则的基础上对受教育者进行合理有效的创造性的教育。这不仅是我们对创造性音乐教师的期盼，更是实现现代教育价值的必要条件。

(二)有效利用社会资源，是实现现代教育价值的途径之一

这里所提的社会资源，主要指相对于学校课堂传统音乐教育的家庭传统音乐教育和社会音乐教育。随着社会信息科技的高速发展，一些现代化教学手段和传媒大量地应用在教育领域。教学条件的变革，以及教学理念的更新，不断向传统音乐教育提出挑战。学校传统音乐教育的体制、结构、形式在向外扩展，社会传统音乐教育在向学校渗透。学校、家庭、社会三位一体的多元化立体教育活动方兴未艾。校园课外音乐生活是我国学校传统音乐教育的重要组成部分，也是现代音乐教育社会资源的一部分。

1. 广泛开展器乐、合唱等音乐课外活动

目前，广泛开展器乐、合唱等音乐课外活动已成为我国部分学校的优良传统。学生在学校的课外活动中可以培养自己参与社会音乐生活的意识和能力。现在我国的学校课外音乐活动开始得到重视，只要家庭经济条件许可，学生都可以学习乐器，这已成为一种潮流。学习演奏乐器的普遍性使得更广泛地开展课外音乐活动成为可能，老师和学生都普遍、经常地参加音乐课外活动。当然课外音乐活动除器乐以外，还有合唱活动。有的学校还开展音乐欣赏、演出，或与音乐家经常见面，听取他们介绍成长的道路及经验实践，并参加演出及音乐会，提供艺术实践的机会，学生不仅可以让所学知识和技能运用到实践中，了解社会，开阔视野，并通过这些活动使自己的组织纪律和整体素质都得到提高。与此同时，他们展示的教学成果，使社会上更多的人了解学校传统音乐教育的作用，也丰富了社会文化生活。

因此，开展音乐课外活动是一项十分有意义的工作。然而，与发达国家相比，我们在课外音乐活动的普及程度以及活动质量上还有差距。德国几乎有50%的学生学习过乐器，有15%的学生熟练掌握一件乐器。另外，德国的"学校音乐周"和"学校艺术节"这些大型的具有特色的校际音乐活动也经常开展。音乐周的宗旨非常明确："普及音乐文化"，除了演出活动

外，经常结合当前的传统音乐教育思潮、音乐美学思潮，开展教育学、心理学、音乐社会学等专题的学术讨论会，推动各学科的建设与发展。由于经济等方面的原因，我们的中小学音乐课外活动可能达不到这样的规模和数量，但我们应当坚持"全面提高学生综合音乐素质"这一宗旨，因地制宜，广泛开展适合我国国情的丰富多彩的特色化的课外音乐活动。

2. 社会资源中的现代家庭音乐教育

社会资源中的现代家庭音乐教育，是指家庭中年长成员对子女等所进行的音乐方面的教育。它是学校音乐教育的基础和重要补充。家庭音乐教育是进行早期音乐教育的第一课堂，良好的家庭音乐熏陶有利于少儿的身心健康成长，培养音乐人才。读过《傅雷家书》的人们都熟悉，我国著名的旅美钢琴家傅聪，他的成功是与他曾受到过良好的家庭传统音母的爱好、品行、情操等，对孩子都有重要影响。我们经常看到这种情况：孩子在入学考试的时候表演的往往是在家里经常听到的那些歌曲，而这些歌曲基本上是父母所喜爱的。由此可见，家庭音乐环境对他们产生了潜移默化的影响。

从某种意义上讲，家庭音乐教育在儿童音乐素质的发展中起关键作用。即使孩子进入学校大门，家庭对学生的影响也不会消除，甚至在某些方面还会得到加强。特别是在孩子还不具备自己选择聆听的音乐的能力时，家长更要配合学校，帮助他们对聆听的音乐进行导向性的选择，以培养学生形成良好的音乐审美观，营造良好的音乐氛围。现代社会音乐教育主要是指学校以外的文艺单位、团体以及个人对社会成员所进行的有关音乐方面的业余性质的教育。由于儿童与青少年处于对音乐艺术最敏感的阶段，又是培养音乐爱好、掌握音乐技能的黄金时期，所以，他们是社会传统音乐教育的主要对象。

根据有关统计，我国少儿社会音乐教育组织形式有：各级青少年宫；社团、单位、琴行、个人举办的各类音乐学校、学习班；音乐院校和师范院校开办的少儿课余传统音乐教育组织；私人个别教学；社会组织的名目繁多的音乐会和比赛。其中，青少年宫是校外音乐教育最主要的场所和基地，与其他形式的活动相比，不仅数量最多，而且效果最佳。现代社会音乐教育活动，一方面反映了我国对音乐教育的重视程度，反映了我们的音乐文化生活，以及青少年的校外音乐活动的普及程度和水平；另一方面，这些形式的现代音乐教育活动丰富了音乐教学内容，扩大了自主学习的选择范围，使学生在课内课外、校内校外的音乐活动得到有机结合，是实施现代音乐教育价值的重要手段之一。因此，就实施现代音乐教育价值而言，家庭音乐教育是基础，学校音乐教育是主导，家庭和社会音乐教育是学校音乐教育的补充和延续。三者必须相互配合，达成和谐，以增强实施现代音乐教育价值的效果。

(三)有效利用设备资源是实现现代音乐教育价值的重要手段

设备资源是指在现代音乐教学中应用的现代技术和现代教学媒体。音乐教学中常用的传统音乐教学媒体包括教材、板书工具、挂图等。现代教学媒体有：有声媒体，包括扩、录、放音设备；电视媒体，包括摄、录、放像设备；光学投影媒体，包括幻灯、投影设备等。与现代音乐教育相关的现代技术则包括了多媒体计算机、电子音乐、MIDI、音源、合成器、音响、声音频谱分析仪等。它们涉及现代音乐教学的课堂知识传授、教学理论分析与研究、课堂音乐实践与作业、教学资料的制作与保存、考试、艺术实践等方面，特别是"计算机音乐技术"对现代音乐教学产生了很大影响，并正逐步向教学的各个领域渗透。

实践证明，在现代音乐教学中充分使用和灵活运用现代技术与现代教学媒体，不仅能够为学生的学习过程起必要的示范作用，而且能引起学生学习的兴趣，发挥学生的主观能动性，强化教学效果，提高学习效率。同时，中国的现代音乐教育工作者要清楚地、尽可能地了解其他国家的文化教育状况，关注国际上教育改革经验与方法论上的最新成就，共同建构中国音乐创造在全球化、多元化的文化教育发展中的理论思维框架，使中国现代音乐教育的价值内涵获得不断地扩充与发展。

综上所述，现代音乐教育要适应社会文化教育多元化的态势，为社会培养既符合社会发展需要，个性也得到长足发展，适应现在甚至将来的职业和社会生活的能力，同时具有健全人格的社会公民。现代音乐教育的价值也将在这一活动中得到充分展示与实现。

参 考 文 献

[1] 何士青,王新远.高校管理与大学生权利保护[J].思想·理论·教育,2002(10):18-21.

[2] 陈学军.论教育管理历史研究方式[J].教育理论与实践,2011,31(7):14-17.

[3] 刘双.高校教育管理思想与实践研究[M].长春:吉林大学出版社,2017.

[4] 刘娟.高校管理与教育教学实践研究[M].长春:吉林教育出版社,2020.

[5] 周湘浙.高校教育教学改革策论[M].杭州:浙江大学出版社,2008.

[6] 赵立英.陈垣高等教育思想研究[D].保定:河北大学,2014.

[7] 陈晔.新时期高校教育管理实践研究[M].北京:现代出版社,2019.

[8] 陈思.高校音乐教学探究[M].北京:光明日报出版社,2013.

[9] 王路娟.高校思想政治教育管理与建设研究[M].北京:新华出版社,2017.

[10] 陈桂香.基于大数据的高校教育管理研究[M].北京:科学出版社,2018.

[11] 张燕.学前教育管理学[M].北京:北京师范大学出版社,1995.

[12] 邓云莉.高校教育管理创新与实践[M].北京:中国商务出版社,2017.

[13] 林榕.大数据背景下高校教育管理信息化发展与创新研究[M].长春:吉林大学出版社,2019.

[14] 徐希茅.中国高校音乐教师培养现状报告[M].北京:人民音乐出版社,2015.

[15] 汪文娟,何龙,杨锐.高校教育管理创新研究[M].北京:北京工业大学出版社,2018.

[16] 虞永平,王春燕.学前教育学[M].北京:高等教育出版社,2012.

［17］刘阳.现代教育观念下高校教学管理探索［M］.长春:东北师范大学出
版社,2017.

［18］丰晓芳,魏晓楠,陈晶.高校教育管理研究［M］.长春:吉林出版集团股
份有限公司,2020.